AF385162

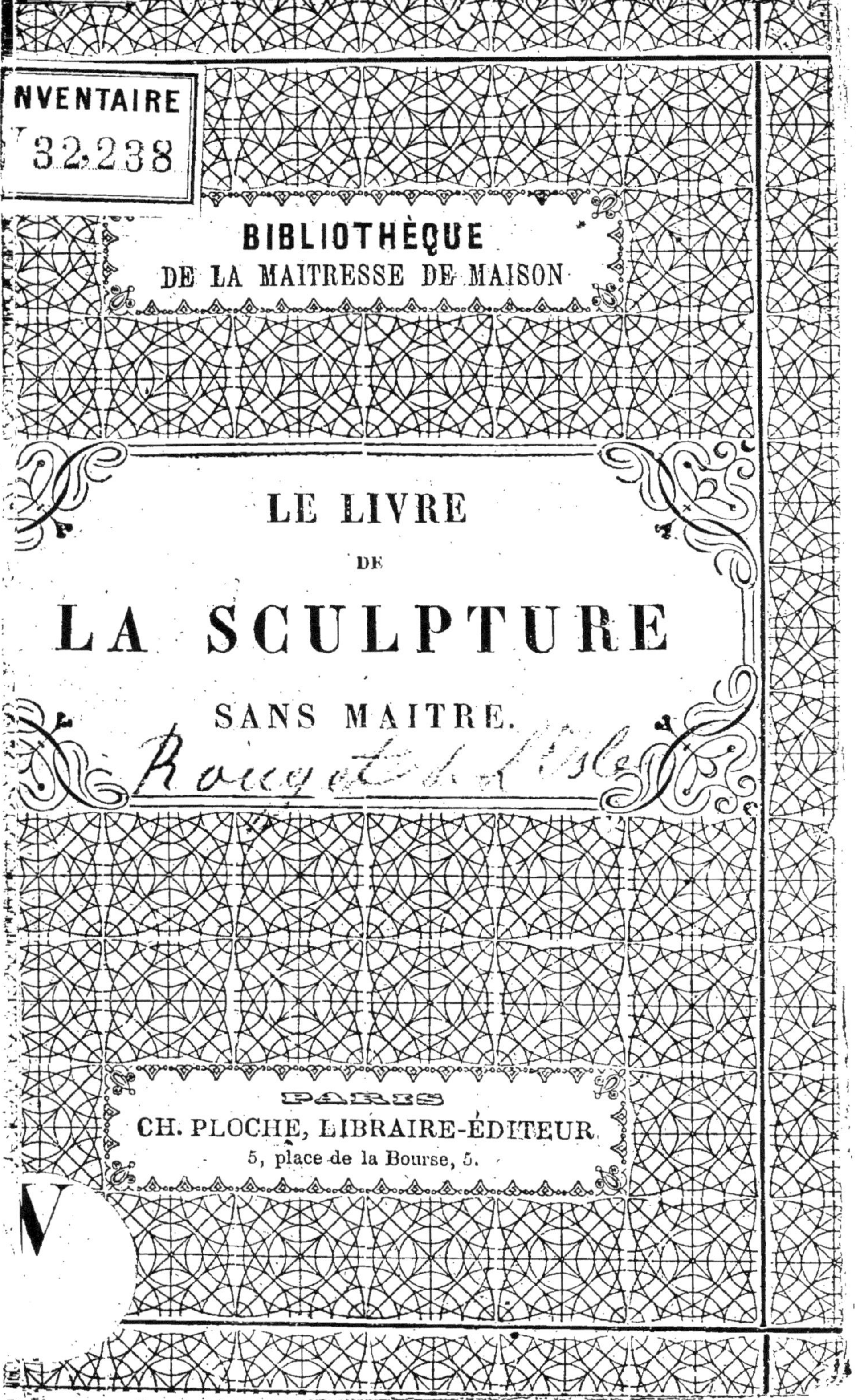

INVENTAIRE
32,238

BIBLIOTHÈQUE
DE LA MAITRESSE DE MAISON

LE LIVRE

DE

LA SCULPTURE

SANS MAITRE.

PARIS
CH. PLOCHE, LIBRAIRE-ÉDITEUR,
5, place de la Bourse, 5.

LE LIVRE

DE

LA SCULPTURE

SANS MAITRE.

32238

Paris — Imprimerie Bonaventure et Ducessois,
55, quai des Augustins.

LE LIVRE

DE

LA SCULPTURE

SANS MAITRE

PAR

Mme ROUGET DE L'ISLE.

PARIS

CH. PLOCHE, LIBRAIRE-ÉDITEUR

5, place de la Bourse.

1852

BIBLIOTHÈQUE NATIONALE R.F.

LE LIVRE

DE

LA SCULPTURE

SANS MAITRE.

Manières de prendre des empreintes en creux ou en relief.

(Dictionnaire encyclopédique, t. XII. p. 292, et suiv.)

On prend l'empreinte des médailles, des pierres gravées, des cachets, des monnaies, à très-peu de frais, par les procédés qui suivent.

Au moyen de la cire a cacheter.—Ce moyen est, sans contredit, le plus simple, ou plutôt le plus connu ; mais la cire est d'un prix élevé et d'une nature très-cassante ; elle ne sert, à proprement parler, que pour prendre des empreintes de cachets, ou autres gravures en creux, sur des cartes à jouer qui les maintiennent.

D'après Mariette, habile graveur sous le règne de Louis XIV, au lieu de cartes à jouer, il faut se servir d'une simple feuille de papier bien uni, pour y appliquer la cire ; mais pour le faire avec soin et avec propreté, on la fera fondre au bain-marie, dans une assiette de cuivre ou de terre vernissée, etc., et, lorsqu'elle sera suffisamment échauffée, l'on y posera dans le fond un morceau de papier bien sec, sur lequel on répandra de la cire, qu'on aura ramollie en l'exposant au feu et non en la présentant à la flamme d'une bougie ; on évite, par ce moyen, que la fumée ne s'attache, comme il est d'ordinaire, au bâton de cire et n'en altère la couleur. On tiendra pendant quelque temps la cire en fusion, on la remuera et, quand on verra qu'elle est bien unie et bien lisse, on y imprimera le cachet.

Au moyen de la cire molle (*voy*. sa composition, p. 11.) — On la tourne entre les doigts pour la ramollir, on en couvre soigneusement la médaille , mouillée préalablement, et l'on pousse par-dessus une feuille de papier fort. On enlève l'empreinte qui apparaît en creux. Pour avoir les objets en relief, on y coule du plâtre fin, comme il sera dit ci-après.

Au moyen de la cire fondue.—On fait fondre de la cire vierge, ou colorée avec du vermillon, au bain-marie, dans un vase de fer-blanc ou de cuivre bien propre ; l'on plonge dans la cire, ayant la chaleur nécessaire pour rester liquide, la médaille, sur laquelle il se forme une petite couche transparente, qui en laisse apercevoir toutes les parties. On laisse un peu prendre la cire et l'on enlève avec une lame de canif toutes les parties qui débordent la médaille. Ensuite, avec une brosse ou un pinceau, on applique une couche épaisse de plâtre délayé dans l'eau, pour maintenir la cire. Quand le plâtre est durci, on enlève la médaille en soulevant un peu le pourtour avec la pointe d'un canif. Enfin, on coule du plâtre dans l'empreinte, qui est en creux, en procédant de la manière suivante.

Au moyen du plâtre.—Il faut prendre du plâtre de mouleur pulvérisé, que l'on passe au tamis de soie très-fin ; on noie ce plâtre tamisé dans l'eau, que l'on agite assez doucement pour ne pas exciter des bulles d'air ; ensuite, on frotte la médaille ou la pierre gravée légèrement avec de l'huile, qu'on essuie avec du coton [1] ; puis, l'on entoure cette médaille ou pierre gravée d'un ruban de cire, ou d'une carte, ou d'une petite lame de plomb laminé, qu'on lie avec de la petite ficelle ou du fil de laiton cuit, pour contenir le plâtre. Cela fait, on verse doucement son plâtre délayé sur le modèle préparé ; on le laisse sécher et prendre. Lorsqu'il est sec, il se détache facilement. C'est un moule bien marqué dont on peut se servir pour obtenir une copie en relief, soit en plâtre, soit en soufre. Mais il est à observer que lorsqu'on tire souvent plâtre sur plâtre, les proportions se perdent, les objets s'agrandissent ; ce qui est produit par l'action du plâtre, dont la propriété est d'occuper en séchant un plus grand volume.

Au moyen du soufre.—On fait fondre dans une cuiller de fer bien propre, sur un feu modéré, autant de soufre qu'on désire en employer, et lorsque le soufre sera liquéfié, on y jettera la couleur dont on voudra le colorer. Sur 31 grammes de soufre, on ne peut mettre moins de 16 grammes de couleur, autrement le soufre serait trop pâle. Le cinabre, la *terre verte*, l'ocre jaune, le massicot, ainsi que le noir de fumée, sont, de toutes les couleurs, celles qui s'incorporent le mieux avec le soufre. La mine de plomb produirait

---

[1] Il est utile de faire observer que, lorsque le moule sur lequel on tire est de marbre, il faut se servir de saindoux et non pas d'huile, parce que l'huile, pénétrant par les pores du marbre, le tacherait.

aussi une teinte très-flatteuse à la vue, mais elle s'allie difficilement au soufre.

La couleur étant jetée dans le soufre, on aura soin d'agiter continuellement le mélange pour opérer l'incorporation de la couleur, et afin que le soufre ne s'attache pas à la cuiller et ne brûle pas. Pendant ce temps il se forme sur la surface du soufre une espèce de crasse ou d'écume, qu'on enlève avec une spatule ou avec la lame d'un couteau. Au bout d'un demi-quart d'heure, on verse le soufre sur une feuille de papier huilé ou sur une feuille de fer-blanc bien plane, et l'on y laisse refroidir. On obtient ainsi un gâteau de soufre.

Veut-on faire des empreintes en creux, on coupe un morceau de ce gâteau de soufre, on le fait fondre une seconde fois dans la cuiller de fer, toujours sur un feu doux, modéré ; on le remue pour l'empêcher de brûler, on en enlève encore la crasse, s'il en paraît, et l'on en verse doucement sur la pierre gravée, huilée et entourée d'un morceau de carte fine ou de papier fort, et ficelée.

A peine le soufre aura-t-il été versé qu'il commencera à se figer, mais, sans lui en donner le temps, et lorsqu'on verra qu'il se sera déjà formé sur la surface de la pierre une légère couche de soufre figé, on survidera promptement dans la cuiller le soufre, encore liquide, pour le reverser de suite et remplir le creux ou godet formé par la carte. C'est ainsi qu'on évite les soufflures.

Quelque temps après, le soufre étant pris, on renverse la médaille, et l'empreinte se détache d'elle-même, ou en la secouant un peu (*Dict. encyclopédique*, t. XII, p. 292).

Si la pierre était gravée en creux, l'empreinte ainsi

obtenue est en relief, et rien, comme on le voit, n'est plus simple pour arriver au but. Il n'en est pas tout à fait de même pour prendre des empreintes sur des gravures en relief.

Il faut d'abord tirer une empreinte en creux, qui servira ensuite à faire l'empreinte en relief. Voici différentes manières de procéder.

Vous recommencez à couler de la même manière dans le creux du soufre, après l'avoir saupoudré de talc en poudre, dans la crainte que le soufre coulé ne s'incorpore avec le creux; vous aurez alors la médaille parfaitement moulée en relief.

Mais, comme le talc altère l'empreinte, il vaut mieux couler dans le soufre un peu mouillé de la cire colorée, ou un mastic fusible à une faible chaleur. Si l'objet moulé est d'une certaine dimension, vous pouvez couler dans ce creux de soufre du plâtre parfaitement cuit et très-fin, que vous gâcherez extrêmement clair; mais il est fort important de choisir du plâtre qui ne s'échauffe pas en gonflant, car on sent qu'alors il agirait sur le soufre, l'amollirait et détruirait ainsi la délicatesse des traits. La chaux sulfatée cristallisée pure est la matière qui convient le mieux (voy. *Manuel du mouleur*, par Lebrun).

En un mot, pour faire une empreinte avec du plâtre fin, il faut que le relief de la médaille soit plat ou de très-basse taille; s'il présentait des parties saillantes et travaillées en dessous, le plâtre se logerait dans les cavités et y resterait inévitablement lorsqu'on voudrait le détacher de la pierre gravée; l'empreinte alors serait fort imparfaite; dans ce cas, il faut estamper, en tirer l'empreinte avec de la mie de pain ou de la gélatine, qui est encore la meilleure matière plastique que nous connaissions.

Au moyen de la mie de pain.—Il faut choisir de la mie de pain très-tendre et peu cuite ; on la prend entre ses doigts, on la manie et remanie à plusieurs reprises, jusqu'à ce qu'elle commence à devenir pâteuse ; on y mêle alors un peu de vermillon ou de carmin, on la repétrit encore, et, quand on est parvenu à la rendre bien molle et bien souple, on y imprime le relief, qu'on retire sur-le-champ. L'empreinte se trouve faite et assez bien formée, car la pâte de mie de pain a une espèce de ressort naturel qui fait qu'elle se prête sans se déchirer, et, comme elle embrasse assez exactement un relief dans toutes ses parties, elle s'en sépare aussi sans former aucune résistance.

En peu de temps cette pâte se durcit et elle acquiert assez de consistance pour devenir elle-même un moule capable de fournir une empreinte avec le plâtre ou le soufre liquide.

Au moyen de la gélatine ou colle-forte.—Ce moyen est encore indiqué dans le même volume de l'*Encyclopédie*, publié en 1777, ce qui n'a pas empêché plusieurs artistes de nos jours de se donner pour les véritables inventeurs. Nous ajouterons qu'ils ne lui ont pas même donné l'apparence d'un perfectionnement. Quoi qu'il en soit, ce moyen de moulage est encore très-simple, très-facile pour mouler d'après nature, et nous allons l'apprendre d'après le *Manuel du mouleur*, par M. Lebrun.

Après avoir fait tremper pendant 24 heures la gélatine dans une suffisante quantité d'eau, on la fait fondre sur le feu et réduire de manière qu'étant refroidie elle produise une gelée épaisse. On emploie cette matière à faire des creux, dans lesquels on coule ensuite du plâtre ne contenant pas de carbonate de chaux ou même de la cire à peine liquide, et par un temps très-froid. Le principal avantage de la gélatine consiste dans son élasticité ; elle s'insinue liquide dans les parties qui ne sont pas de dépouille facile. Sa flexibilité permet de l'en tirer sans altération, et son élasticité la ramène de suite à la même place.

Lorsqu'on veut faire le creux en gélatine d'un objet quelconque, supposons un petit poisson, on plonge plusieurs fois l'objet dans la matière liquide, jusqu'à ce qu'elle commence à présenter le caractère de gelée tremblante. On lui donne ainsi l'épaisseur que l'on juge à propos. On agite ensuite pour opérer la dépouille des creux moulés sur nature. On partage le moule en coquilles avec un fil ; mais la manière d'opérer présente une différence. Le fil n'est pas mis à l'avance, car on sent qu'il serait impossible et inutile à la fois de prendre cette précaution sur de très-petits objets. Le fil s'applique lorsque l'objet est moulé et la gélatine prise. On dépouille ensuite avec facilité.

Le moulage de la colle-forte s'opère exactement de la même façon.

Composition d'une cire pour tirer les empreintes des pierres gravées. (Diction. encyclop., tom. XII, p. 295.)—Sur 31 grammes de cire vierge, que l'on fait fondre lentement dans un vaisseau de terre vernissée ou de cuivre, on met quatre grammes de sucre candi broyé très-fin ; alors la cire devient tout à fait liquide. On y jette seize grammes de noir de fumée calciné et deux ou trois gouttes d'essence de térébenthine, on remue ce mélange ; on le retire du feu pour le laisser refroidir, et on en fait un pain. Quand on veut se servir de cette cire, on en pétrit un morceau entre les doigts ; on mouille la pierre et on l'applique sur la cire pour en tirer l'empreinte, qui se trouve faite avec beaucoup de précision.

Autre composition perfectionnée par M. Vandamme.

Cire jaune en morceaux. . .   500 grammes.
Racine d'orcanette concassée.   48   —
Essence de térébenthine. . .   1000   —

On met la cire dans un pot de faïence ; d'un autre côté, on fait infuser pendant dix minutes la racine d'orcanette dans l'essence de térébenthine ; on passe à travers une toile serrée ; on verse la liqueur sur la cire ; on laisse le mélange pendant 24 heures ; alors la cire est complétement dissoute ; il ne suffit plus que d'agiter la composition avec une spatule en bois.

Manière de tirer l'empreinte des médailles sur le papier. (*Encyclopédie*, tom. V, p. 205.) — On commence d'abord par faire une empreinte, la plus nette qu'il est possible, sur la cire à cacheter, et on ôte exactement toute la cire qui déborde la médaille, soit avec des ciseaux, soit avec la pointe d'un canif.

Lorsque cette empreinte est bien faite, on prend, au bout d'un pinceau très-délié, de l'encre dont se servent les imprimeurs en taille-douce, et on en met avec adresse dans toutes les lettres et dans tous les creux, qui forment le relief de la médaille. Comme il est impossible de le faire avec assez d'exactitude pour ne pas mettre un peu de noir sur les parties élevées, on prend un petit linge que l'on assujettit bien ferme au bout du doigt, et, en le passant légèrement sur la médaille, on la nettoie assez exactement pour qu'il ne reste plus de noir que dans les lettres et les autres creux de la médaille. Pour achever de nettoyer bien parfaitement la médaille, on passe le doigt légèrement sur du blanc bien doux, comme du blanc d'Espagne, et on frotte avec ce doigt la médaille légèrement.

Lorsqu'elle est ainsi nettoyée, on tient tout prêts quelques morceaux de papier plus grands que la médaille, qu'on a trempés dans l'eau afin de les rendre susceptibles de prendre l'impression, ayant soin cependant qu'ils ne soient qu'humides, sans être trop mouillés. On applique un de ces papiers sur l'empreinte, et derrière le papier on met trois ou quatre morceaux de flanelle de la même grandeur, qui, en cédant légèrement, feront entrer le papier dans tous les creux de la médaille et produiront l'empreinte. On prend deux petites plaques de bois bien unies, assez épaisses pour n'être point susceptibles de se courber; on met la médaille de cire, recouverte du papier et de la flanelle, entre ces deux plaques de bois, que l'on place dans une petite presse à main appelée serre-joints. On serre la vis, on la force même un peu avec un coup de marteau, et lorsqu'on ouvre la presse, on voit l'empreinte de la médaille rendue exactement sur le papier; s'il y avait quelque trait qui fût un peu manqué, on peut le réparer aisément, lorsque le papier est sec, en se servant d'un pinceau trempé dans de l'encre de la Chine.

Procédés pour prendre des empreintes des feuilles et des diverses parties des plantes, par Williams Deeble. — La feuille est placée sur du sable fin humide, dans sa position naturelle, ayant en dessus la face dont on veut voir l'empreinte; on la met dans le sable de manière à ce qu'elle soit parfaitement supportée; alors, au moyen d'un large pinceau, on la couvre d'une couche légère de cire et de poix de Bourgogne fondues par la chaleur; la feuille ensuite enlevée du sable est plongée dans l'eau froide; la cire, devenue dure, permet qu'on sépare la feuille sans altérer sa forme. Le moule de cire est placé dans le sable mouillé comme la feuille l'était en premier lieu; on le couvre avec du plâtre de Paris fin et gâché clair, en ayant le soin de faire pénétrer le plâtre dans toutes les petites cavités du moule au moyen d'un pinceau. Aussitôt que le plâtre est pris, la chaleur qui se développe amollit la cire qui n'adhère pas au plâtre humide ; en sorte qu'avec un peu d'adresse on parvient aisément à racler la couche de cire, en la détachant du plâtre sans endommager aucune des parties de l'empreinte.

Les empreintes que l'on obtient ainsi sont très-parfaites ; elles ont un relief très-prononcé et sont d'excellents modèles pour le dessinateur.

Diverses manières de modeler.

Modeler, en terme de sculpture, c'est former avec de la terre ou de la cire les modèles dont l'exécution, soit en marbre, soit en bois, soit en bronze, soit en argent, etc., n'est que la copie exacte ou perfectionnée.

Le modèle en terre se fait avec de l'argile qu'on vend chez les potiers de terre, qui la préparent au prix de 75 centimes les 50 kilogrammes. L'artiste qui veut faire un modèle prend un morceau d'argile, le pétrit dans ses mains et lui donne la forme grossière de ce qu'il doit représenter. Puis il achève de perfectionner cette forme avec les doigts, surtout avec le pouce, et termine enfin avec un instrument qu'on appelle *ébauchoir*.

Le modèle en cire se fait avec un mélange dont nous avons indiqué la préparation (p. 11). Le travail est le même que celui avec l'argile, quoique plus difficile, parce que la cire est moins maniable.

Ces deux pratiques n'ont rien de bien difficile, surtout pour faire les creux : elles peuvent donc être exécutées par toute personne, pour peu qu'elle ait l'adresse et quelque connaissance du dessin, et principalement des procédés graphiques que nous avons indiqués précédemment.

Or, comme en réalité le modèle n'est que la pensée figurative d'un objet matériel déjà existant, et qui doit se répéter ou se traduire tôt ou tard en relief sur le marbre, le métal, la terre, le bois, la pierre, etc., le moyen de parvenir à faire, et à bien faire, c'est de ne rien exécuter de convention, c'est d'exécuter soit d'après nature, soit d'après des reliefs ou bosses moulés ou estampés en plâtre ou avec toute autre matière. Ce qui revient à dire que, pour marcher progressivement du dessin à la sculpture d'une figure, d'un animal, d'une fleur, d'un ornement, ou enfin d'un objet quelconque, il faut mouler ou prendre l'empreinte de ces objets animés ou inanimés en totalité ou en parties séparées. Ce sont des études, des imitations toujours sûres qu'on réduit, augmente et multiplie à son gré, par les procédés purement mécaniques.

On groupe et dispose ensuite ces objets pour représenter un ensemble agréable à la vue. Dans ce cas, il est de rigueur qu'on sache dessiner et que, si les parties du *moulage* et de *l'estampage* sont purement manuelles, la science du dessin et le goût ne soient étrangers à aucune.

Du reste, nous allons donner les détails de l'exécution du *modelage*, en observant de mettre par degrés, sous les yeux du lecteur, d'abord les opérations les plus faciles ou d'un usage plus commun, ensuite les plus difficiles.

Manière de faire des creux pour estamper et mou-

ler (*Encyclop.*, tom. V, p. 263). — On fait ordinairement des modèles en argile, qu'on moule ensuite avec du plâtre.

Quant à la manière de faire ces creux, il faut que les pièces soient parfaitement de dépouille, c'est-à-dire qu'elles sortent facilement du moule sans se rompre ni s'altérer, ce qui arrive quelquefois.

Pour cela, on fait alors autant de coupes (ou parties séparées) que le modèle l'exige ; mais, le plus ordinairement, on ne les moule qu'en deux parties ; ce n'est que par le moyen de ces coupes que l'on rend le creux de dépouille.

La seule chose particulière que l'on doive observer, c'est que les pièces soient enchâssées dans des chappes[1] ; autrement elles s'écarteraient en poussant la pâte dans le moule.

Les creux étant faits, il faut les faire sécher et durcir ensuite avec de l'huile : on prend pour cet effet de la cire jaune que l'on fait chauffer avec de l'huile de lin.

Lorsqu'elle est bien chaude, on trempe dedans les pièces, qui doivent être un peu chaudes, afin que la cire s'imbibe dans le plâtre.

Creux pour faire les figures de sucre, appelées pastillages. — Supposons une figure nue de 8 à 9 centimètres de hauteur : il faut couper toutes les parties saillantes de la figure, comme les bras, les jambes, afin de pouvoir mouler ces parties en deux coquilles, sans en faire aucune pièce.

Cette opération exige beaucoup de propreté, et le

---

[1] La *chappe* est la deuxième enveloppe extérieure d'un moule qui contient les pièces de la *chappette*.

creux doit être taillé avec netteté dedans et dehors; on le durcit ensuite à la cire chaude, ainsi que les précédentes.

C'est dans ces creux que les confiseurs estampent une pâte, composée avec du sucre, qu'ils font sécher ensuite. Lorsqu'elle est sèche, elle se retire facilement du creux [1].

Manière d'estamper dans les creux.

(*Manuel du Mouleur*, par M. Lebrun.)

Avec de la pâte à papier ou du papier pourri ou mâché. — On prend de la pâte qui a été composée de la manière suivante : on laisse pourrir des rognures de papier blanc dans de l'eau, que l'on change souvent pour empêcher la corruption; lorsque le papier est détrempé, on le retire de l'eau, on le bat dans un mortier pour le réduire en pâte, et, pour cette dernière opération, on le fait bouillir dans une chaudière.

Afin que la pâte ait de la consistance, on y ajoute un peu de colle de farine; la pâte étant ainsi préparée pour les ouvrages même les plus délicats, on la fait sécher, on la râpe, et par ce moyen on a une pâte très-fine, qui prend les empreintes les plus fines.

On met de cette pâte dans une terrine avec un peu d'eau, alors on l'étend avec les doigts dans les fonds du moule, de l'épaisseur d'une ligne, le plus également qu'il est possible; ensuite, avec une petite éponge fine, on absorbe l'eau qu'on a été obligé de mettre dans la pâte pour qu'elle s'imprime facilement.

Lorsqu'elle est tout imbibée, et que la superficie du creux est garnie, on passe dessus une couche de colle;

------

[1] Depuis quelques années, on y substitue des moules en étain.

on fait après cela sécher le creux à un feu qui ne soit pas trop fort en commençant, de crainte que la pâte ne se déjette. Lorsqu'il se trouve dans les creux des endroits profonds où la chaleur pénètre difficilement, il faut y verser du sable chaud ou de la cendre chaude pour que toutes les parties soient également sèches.

Cette première couche est sèche lorsqu'en frappant dessus elle se détache du creux ; alors on la retire du feu pour mettre les autres couches de papier, qui font la force du carton.

On emploie à cet usage du papier appelé *joseph*, que l'on colle en double, et l'on en couvre la pâte avec de petits morceaux de 3 centimètres tout au plus.

Ce papier étant bien appuyé partout, on donne une couche de colle pour recevoir la seconde couche de papier blanc. Celui-ci se colle de même en double comme le premier papier.

La troisième couche doit être en trois doubles, ce qui fait en tout cinq épaisseurs de papier gris et deux de blanc ; on donne encore une couche de colle pour remettre ensuite le creux au feu.

Lorsque les morceaux que l'on cartonne sont d'une grande étendue, on met entre la seconde et la troisième couches de papier gris des lames de fer mince pour donner de la force.

Quand le carton est sec, on le retire du feu et on le découpe. Pour coudre les morceaux qui doivent former la figure, on se sert d'un fil d'archal mince et recuit, et, afin que les joints ne paraissent pas, on les couvre de papier collé.

S'il arrivait que les contours fussent altérés on réparerait cet inconvénient avec de la terre molle; on collerait du papier blanc par-dessus.

Si l'on veut que le carton soit encore plus durable,

on colle de la toile par derrière avec de la colle-forte, et on y met quelquefois des étoupes [1] trempées dans la même colle.

La figure étant tout à fait moulée, on la fait sécher de nouveau et on la dore ou argente au besoin (*voy.* Dorure).

Avec du papier.—Toute l'opération nécessaire pour faire cet estampage est de passer une légère couche de colle sur feuille de papier joseph posée sur le moule, d'appliquer sur celle-ci une feuille semblable ; cela fait, on colle une feuille de papier gris ordinaire désigné dans le commerce sous le nom de *papier trace* ou de *papier main-brune*, et on l'applique sur le papier joseph ; une seconde feuille de main-brune est encollée et appliquée sur la précédente. Deux feuilles du même papier, posées l'une sur l'autre, sont appliquées de nouveau, mais non collées entre elles ; on ne les encolle que sur la surface qui s'appliquera sur le tas collé et sur celle qui doit recevoir une cinquième et dernière feuille de papier main-brune.

Cet arrangement varie, toutefois, suivant la force que l'on veut donner au carton ou suivant l'élégance des objets auxquels on le destine. Lorsqu'il s'agit de mouler des figures délicates ,telles que celles qui tendent à imiter le biscuit de Sèvres, on n'emploie que du papier blanc ordinaire, sauf le papier joseph, ou le papier cartier, papier mince et fin, qui sont destinés à prendre convenablement les empreintes.

Afin d'économiser sur le prix du papier, on achète chez les papetiers le papier de rebut appelé *papier cassé*. Ce papier, qui se vend au poids, est composé de feuilles déchirées ou ayant des défauts ; l'ampleur du

---

[1] Le coton en corde est aussi très-bon pour cet usage.

papier cassé n'est pas plus embarrassante que celle du précédent. Après la première feuille double de papier joseph, on superpose les unes aux autres les feuilles altérées, que l'on encolle et que l'on applique successivement. Le nombre ne peut être déterminé et dépend de l'épaisseur relative du carton. Si les feuilles déchirées ne sont pas entières, il faut ajouter des pièces, afin que l'épaisseur soit égale partout.

Avec le carton-pierre.—Voici les diverses compositions qui donnent les meilleurs résultats ; nous les indiquerons par numéros :

1° Une partie de pâte provenant de vieux papiers et de rognures de livres, une demi partie de colle-forte [1], une partie de craie, deux parties de terre bolaire et une d'huile de lin produisent un carton mince, dur et très-lisse.

2° Avec une partie et demie de pâte à papier, une de colle, une de terre bolaire blanche, on obtient un carton très-beau, très-dur, très uni.

3° Une partie et demie de pâte à papier, deux de colle, deux de terre bolaire blanche et deux de craie donnent un carton uni aussi dur que l'ivoire.

4° Avec une partie de pâte à papier, une de colle, trois parties de terre bolaire blanche et une partie d'huile de lin, vous confectionnez un carton fort, beau, ayant la propriété d'être élastique.

5° Enfin, une partie de pâte à papier, une demi-partie de colle, trois parties de terre bolaire, une de craie et une et demie d'huile de lin, forment un carton infiniment supérieur à celui qu'on obtient par le procédé n° 4. Cette substance a la propriété de garder le type qu'on lui imprime ; teintée de quelques grammes de

[1] Pour les petits objets, on peut y substituer la colle de gants.

bleu de Prusse, elle prend une couleur bleu-verdâtre.

On substitue avantageusement à la craie et à la terre bolaire la *chaux carbonatée pulvérulente*, que l'on trouve assez communément aux environs de Paris, notamment dans les carrières de Nanterre. Cette terre, blanche et légère comme du coton, se réduit en poussière par la plus faible pression.

Le mouleur délaye de la craie ou du plâtre dans une dissolution de colle blonde, dite colle de Flandre chaude, et il en applique au pinceau une couche extrêmement légère sur la surface du creux huilé et le plus également possible. Cela fait, il laisse à peine prendre le plâtre et passe sur cette première couche une autre couche épaisse de la composition de carton-pierre dont il a fait choix. Il va sans dire que celle-ci doit être molle, au point de prendre aisément sous le doigt toutes les impressions qu'on veut lui donner; pour cela il ne faut le préparer qu'à l'instant de s'en servir. Il serait bon d'appliquer une légère solution de colle sur la couche de plâtre avant d'apposer le carton-pierre. L'opération se continue absolument comme pour estamper le carton ordinaire.

Le mouleur met ensuite sécher le creux qu'il vient de garnir, et s'occupe de l'autre partie. Il procède de même. L'air libre, s'il fait chaud, une étuve ou le voisinage du feu dans le cas contraire, opèrent la prompte dessiccation du carton-pierre, qui se détache comme tout autre carton. On réunit les parties estampées en rapprochant les repères, puis en les collant avec de la colle-forte. Il y a cependant un autre moyen de jonction, qui est quelquefois préférable : il consiste à poser avec attention sur la vive arête des morceaux, des clous de moyenne longueur, peu écartés entre eux et très-pointus. Les têtes, enfoncées de 4 millimètres environ dans le carton encore mou, se fixent bien solidement lors de la dessiccation. Après, on perce un trou avec un petit poinçon dans l'intervalle laissé entre chaque pointe de clou ; on rapproche les deux vives arêtes, et les pointes de chaque morceau s'enfoncent dans le trou fait sur le morceau opposé. On les enfonce le plus possible en serrant et frappant ; puis on passe sur le rejoint un peu de ciment (*voy*. Ciment). On y met aussi avec un pinceau fin une petite couche de plâtre délayé dans de la colle, qui cache parfaitement la couture. Si elle produisait quelque saillie, on la râperait doucement avec la peau de chien, lorsque le plâtre serait suffisamment pris.

« Il ne reste plus qu'une seule et bien simple opération. On fait bouillir de l'huile de lin lithargée, et, au moyen d'un pinceau, on enduit de cette composition les deux surfaces extérieures de la figure. Il va sans dire que l'on enduit aussi l'intérieur des objets avant de les réunir ; mais cet enduit n'est utile qu'autant que la statue doit être exposée à l'air. »

Autre moyen d'obtenir le carton-pierre. — On commence, d'abord, par mettre dans le creux une couche peu épaisse de plâtre délayée avec de la colle. Immédiatement après on applique sur cette couche de l'étoupe bien également disposée ; sur cette étoupe on colle une couche fort épaisse de plâtre grossier.

Estampage avec du carton-cuir. — On achète à bas prix chez les peaussiers, chamoiseurs, gantiers, culottiers, tous les déchets et rognures de peaux ; on les pile et on les broie. D'une autre part, on prépare une pâte à papier rendue très-épaisse ; on la réunit à la pâte de cuir en les mêlant toutes les deux le plus exactement possible ; on en réunit les molécules avec diverses colles ou mucilages (*voy*. Colles). Le tout forme une pâte qu'on jette dans des moules creux huilés, et on lui donne la forme et la consistance en pressant fortement.

L'opération étant faite, il faut nettoyer le marbre avec de l'eau.

Moulage en bas-relief.

On commence par faire des modèles en terre ; on en fait faire des moules en plâtre qui sont composés de plusieurs pièces qui se rapportent et se renferment avec repères dans une ou plusieurs *chappes*, suivant le volume et le relief de l'objet moulé. Quand ces moules sont bien secs, on les *abreuve* en leur donnant avec le pinceau plusieurs couches d'huile de lin, ce qui les durcit et empêche que le plâtre ne s'y attache. Cela fait, l'on coule dans le moule du plâtre bien tamisé et très-fin, que l'on tire quelquefois d'épaisseur ou en plein, suivant la force que l'on veut donner à l'ouvrage. Pour retirer le plâtre moulé, on commence à dépouiller toutes les parties du moule, les unes après les autres, dans le même arrangement qu'elles ont été posées, et alors on découvre le sujet en plâtre, qui rapporte avec fidélité jusqu'aux parties les plus déliées du modèle, n'ayant plus qu'à réparer, et souvent qu'à ôter les coutures occasionnées par les jointures des pièces du moule. Quand ces morceaux de sculpture en plâtre sont destinés à servir d'ornement à quelque édifice, on hache avec une hachette ou avec quelque autre outil les places où ils doivent être posés ; on les ajuste et on les scelle avec le plâtre. Il ne reste plus qu'à les réparer avec les outils en bois, et même les *ripes*, espèce de râpes qui ont la forme d'une spatule.

On se sert quelquefois de mastic et de cire molle

pour estamper de petits objets, comme médailles (*voy.* ci-dessus).

On peut employer pour cet usage une pâte qui réussit assez bien ; voici sa composition : Prenez 500 grammes de cire jaune, 250 grammes d'huile d'olive et 500 grammes de poudre à poudrer ou de belle farine.

Lorsque la cire est fondue, vous versez l'huile, et, cette composition étant retirée du feu, vous y mêlez votre poudre avec une spatule, et remuez jusqu'à ce que la pâte soit d'une consistance ni trop molle ni trop ferme.

L'on moule fort bien, mais plus lentement, avec le moule aluné ou ciment-marbre de MM. Greendvood et Savoie, qui ont pris un brevet d'invention non expiré, et l'on obtient une plastique aussi belle et aussi dure que le marbre, lorsqu'elle a été trempée dans l'acide stéarique.

Moulage d'après nature.

On moulait autrefois sur nature avec de la cire fondue, mais on n'en fait usage maintenant que pour mouler des fruits coloriés, des poupées et des figures de saints pour des reliquaires. Aujourd'hui tous les artistes intelligents font le moulage à la gélatine (*voy.* ci-dessus).

« Les avantages de ce procédé sont :

« 1° De donner des moules sans couture ;

« 2° D'éviter la perte de la dégradation ;

« 3° D'éviter à l'artiste toutes les réparations des coutures ;

« 4° De rendre avec la plus rigoureuse fidélité les détails les plus minutieux des sujets, avec tous les caractères particuliers ou spécifiques ;

« 5° De donner tous les moyens de faire tous les mouvements des pièces anatomiques ;

« 6° De donner le meilleur moyen de mouler ;

« 7° De le faire avec une grande économie de temps et de moyens ;

« 8° Enfin, de donner les moyens de conserver les modèles. » (Voy. le *Rapport du Jury central* sur les produits de l'industrie française en 1844, tom. III, p. 243.)

Emploi du carton-pierre
pour mouler des objets d'anatomie.

Par MM. Thibert et Rameaux (brevet d'invention expiré, t. XLVI. p. 155.)

Mode de fabrication. — Une pièce d'anatomie étant préparée, on la moule sur nature, à creux perdu, par les procédés ordinaires ; seulement on a soin, dans ce moulage, de ne recouvrir d'abord la pièce que d'une faible couche de plâtre, et on la laisse se prendre avant d'en ajouter de nouvelles ; de cette manière cette première couche n'affaisse pas les tissus sur lesquels on l'imprime, puisqu'elle est très-légère, et cependant elle acquiert assez de solidité pour soutenir les couches suivantes et empêcher la masse du plâtre, qui doit constituer le creux, d'affaisser les tissus, de déranger les organes de leur position naturelle et de les déformer.

On obtient dans ce creux perdu une copie en plâtre parfaitement semblable à la pièce anatomique donnée. Cette copie sert à faire des moules bons creux, autant qu'il en est besoin ; et avec ces derniers moules on reproduit à volonté et à l'infini de nouvelles copies semblables à la première et à la pièce modèle.

La substance plastique que les inventeurs emploient à faire ainsi des copies de pièces anatomiques est le carton-pierre, mais composé de la manière suivante :

1° Une partie de colle de Givet ;

2° Une partie et demie d'eau ;

3° Une partie et demie de papier bouilli (rognures ou papier-coton) ;

4° Un huitième de partie de gomme arabique ;

5° Craie, quantité suffisante.

La colle et la gomme arabique se dissolvent dans l'eau ; et quand la dissolution est opérée et que la liqueur est à un point voisin de l'ébullition, on y verse le papier préalablement divisé convenablement, on agite le mélange, et quand il est homogène, on le verse sur de la craie ; on broie le tout jusqu'à consistance convenable, et l'on obtient ainsi une pâte liante, ductible et tenace, qui s'estampe facilement. L'estampage se fait comme à l'ordinaire, et la copie retirée du bon creux, soit fraîche, soit après un commencement de dessiccation, on la fait sécher entièrement dans une étuve ; puis, pour la soustraire désormais à l'influence de l'humidité, on la passe à l'huile siccative, on la fait sécher de nouveau, après quoi elle prend, par la peinture, tous les tons de couleurs des tissus qu'elle doit représenter. Quand les pièces ont de grandes dimensions, on les soutient avec du fil de fer pour rendre toute déformation impossible.

Les pièces ainsi obtenues sont dures comme de l'ivoire ; elles ne se rayent, ni ne s'écornent, ni ne se gercent ; on peut les laisser tomber sans qu'elles se rompent, et elles peuvent, par conséquent, être maniées incessamment pour l'étude. La modicité du prix les met à la portée de tous ; elles sont, d'ailleurs, d'une grande légèreté.

Pour la peinture, les auteurs emploient les couleurs au vernis-copal ; ce qui leur donne une grande fixité.

Sculpture avec le talc
appelé aussi pierre de savon, stéatite, craie d'Espagne.

Cette pierre est très-douce au toucher; quand elle est sèche, on peut la tourner, la tailler pour en faire divers objets très-délicats, qui sont susceptibles d'acquérir une très-grande dureté.

Pour cela, on taille ou on tourne cette pierre pour lui donner la figure qu'on veut en obtenir, ensuite on la place dans un creuset bien fermé, qu'on chauffe doucement; on augmente ensuite la température jusqu'à ce que le creuset soit arrivé au rouge-blanc. On le conserve pendant deux ou trois heures ainsi chauffé, puis on le laisse refroidir peu à peu; on retire les objets du creuset, et on voit alors qu'ils ont acquis une très-grande dureté et font feu avec le briquet.

Si la stéatite taillée était incolore, lorsqu'on l'a mise dans le creuset, elle en sortira de couleur grisâtre; si elle est colorée, elle peut fournir des objets colorés en rouge ou en brun.

On peut colorer les objets faits en stéatite et leur donner diverses teintes; pour cela, on les chauffe, et lorsqu'ils sont chauds, on les met en couleur. Les colorations obtenues sont les suivantes :

Avec le vert-de-gris dissous et le vernis de succin, vert-bronze.

Avec le sang-dragon et l'alcool, brun.

Avec le nitrate d'argent et l'alcool, noir.

Avec l'or dissous dans l'eau régale, pourpre.

Avec l'indigo dissous dans l'acide sulfurique, gris-foncé.

Lorsque la pierre ainsi colorée est refroidie, on peut la polir avec de l'émeri fin, du tripoli, de la pierre-ponce très-fine; la stéatite calcinée prend alors le brillant de l'agate.

Méthodes et procédés mécaniques pour sculpter.

Les procédés usités jusqu'à ce jour peuvent être groupés ainsi qu'il suit, en suivant l'ordre de leur invention :

1° Le *modelage* des objets en argile, en cire, plâtre, bois, soufre, sable, papier, albâtre, porcelaine, bitume, ciment, marbre et pierres factices, etc.

2° Le tour à portrait, amélioré par Hulot, et reposant sur des principes établis pour la première fois par M. de La Condamine, qui a publié, en 1733, la description et le dessin d'une machine pour copier sur le tour un portrait ou une médaille en relief (Voir l'*Histoire de l'Académie*, année 1734, p. 216 et 295, et l'*Art du tourneur*, par Plumier, éd. 1749, chap. 12).

3° Le procédé mécanique inventé par M. Amédée Durand, en 1826, pour sculpter en creux ou en relief sur le bois et autres matières, en suivant des formes découpées à jour (voy. *Diction. des arts et manufact.*, p. 3248).

4° Autre procédé, par le même, en comprimant et refoulant les bois légèrement mouillés, à l'aide de matrices, poinçons et emporte-pièces en acier, gravés en relief [1].

5° La machine de M. le marquis de Jouffroy (*Brevet d'invention expiré*, de 1836, tom. XLIII, p. 148).

6° Celle de M. Sauvage (brevet d'invention de 15 ans, pris le 3 mai 1836).

7° Celle de M. Dutel (brevet d'invention de 15 ans, pris le 9 novembre 1856).

8° Celle de M. Collas (brevet d'invention, pris le 22 mars 1837).

---

[1] Ce procédé est plus connu comme étant l'œuvre de T. Stacker, qui l'a appliqué et perfectionné en Angleterre.

9° Celle de M. Grimpé (brevet d'invention de 15 ans, pris le 31 juillet 1838).

10° Les nouveaux moyens de la sculpture sur les matières dures, à l'aide des matrices gravées en creux et tapotant mécaniquement ; par M. Moreau (*Brevet d'invention expiré*).

11° Ceux de M. Graenacher, à l'aide de moules en fonte, chauffés et brûlant le bois (brevet d'invention de 5 ans, pris le 27 décembre 1838).

12° Enfin, les machines de MM. Lebas, Cervaizot, Combette, Jordan, etc., qui ont pris aussi des brevets d'invention non expirés.

Mais, de tous ces procédés de sculpture, nous ne décrirons que ceux qui sont tombés dans le domaine public et que tout le monde peut exécuter sans crainte et sans peine.

Premièrement, nous transcrirons une curieuse méthode, pour exécuter la sculpture statuaire, déjà publiée dans le *Dictionnaire des arts et manufactures*, 1846, tome II, p. 3244.

Méthode abrégée
pour exécuter la sculpture statuaire employée en 1822,

Par M. Amédée Durand, sculpteur.

Le résultat obtenu par cette manière d'opérer fut une statue de 2 mètres 50 centimètres de hauteur. C'était celle d'une figure de femme entièrement drapée qui fait partie du mausolée du duc d'Enghien, existant aujourd'hui dans la chapelle du château de Vincennes. Elle fut exécutée en 87 jours, par M. Amédée Durand, avec l'asisstance d'un seul praticien sculpteur et de son aide.

Voici la succession des procédés qui ont été employés : La disposition générale du modèle étant arrêtée, il a fallu ébaucher le marbre, sans toutefois prendre des points sur le modèle comme on le fait par le procédé ordinaire, points que l'on reporte ensuite du modèle sur le marbre à l'aide d'un compas et par l'intersection des distances du point à déterminer aux points déjà arrêtés ; et voici comment se fait cette première ébauche, sous la condition de rigueur d'éviter tout enlèvement de matière, qui plus tard eût pu faire défaut. Le modèle, étant debout, fut placé de manière à ce qu'une forte lame projetât sur un panneau, en feuillets de bois mince, sa silhouette, ou au moins une projection un peu amplifiée de la figure, soit vue de face, soit vue de profil, suivant la convenance ; l'image fournie par cette projection, étant découpée, donna une silhouette de la figure. Cette silhouette, ou ce calibre de l'un des deux aspects principaux de la figure, fut posée horizontalement sur le marbre, couché lui-même sur le sol. Le travail à faire, d'après ce premier calibre, consista à couper à grands coups tout le marbre qui se trouvait excéder cette projection, que dessinait exactement l'emploi du fil à plomb.

Cette opération pour l'un des aspects de la figure, celui de la face par exemple, étant terminée, on procéda de la même manière pour avoir celui du profil, c'est-à-dire que le modèle était présenté dans ce sens à la lumière de la lampe, et que la projection résultant de cette opération était à son tour appliquée sur le marbre, qui, lui aussi avait fait un quart de révolution sur lui-même. Par cette manière d'ébaucher, plusieurs personnes purent facilement trouver place pour travailler simultanément, et le travail fut d'autant plus prompt qu'on n'avait pas besoin d'échafaudage.

Cette première ébauche faite, on procéda à la mise

au point de la statue; après cette seconde opération, on la laissa dans la même situation, c'est-à-dire couchée; on conserva ainsi aux opérations subséquentes les mêmes facilités qui avaient accompagné la première. La mise au point, telle qu'elle est pratiquée généralement, est soumise à des pertes de temps considérables. Ainsi, pour peu qu'on admette que, pour arriver à l'enfoncement exact qu'on doit obtenir sur la pièce ébauchée on mesure trois fois cet enfoncement, il résulte que, comme on emploie deux compas et un fil à plomb, il y a au moins neuf mesures à prendre, dont la dernière, celle par le fil à plomb, entraîne une perte de temps nécessaire pour faire *dormir* ce dernier et l'amener à l'état de repos.

A ce sujet, il faut remarquer que, par les moyens ordinaires, on procède de proche en proche, partant de points trouvés dans le cours du travail, pour déterminer les points ébauchés, et que, une fois une erreur commise, elle peut affecter toutes les opérations pour lesquelles elle a servi de base.

Le moyen employé par M. Amédée Durand consista à poser trois points, deux à la base du modèle, alors terminé, de la statue, et sur son sommet; une barre en bois de sapin, portant à l'une de ses extrémités une pointe en acier qui entrait dans le dernier point dont il vient d'être parlé, se terminait par une traverse également en bois et formant un T. Chaque extrémité de cette traverse portait une pointe, qui entrait dans chacun des deux autres points déjà cités. On comprend de suite que ce T, qui reliait les points extrêmes de la statue, formait de ces points la base qui devait servir à prendre tous les autres sur le modèle et à les transporter sur le marbre à travailler.

Au moyen de ce T, les trois points fondamentaux

furent transportés sur le marbre. Il n'y avait donc plus qu'à prendre et transporter de même cette multitude de points intermédiaires, dont chacun, ainsi qu'il a été dit plus haut, donne moyennement lieu à neuf opérations, tant à l'aide du compas qu'au moyen du fil à plomb. Pour obtenir ces points, il a suffi de garnir la longue barre de sapin (elle avait 2^m, 70) de tiges se terminant en pointes et mobiles dans tous les sens.

La pointe de chacune de ces tiges était mise en contact avec un des pointifs déterminés sur le modèle ; les différentes articulations, qui en avaient procuré la mobilité, étaient fixées par les procédés connus, comme dans le graphomètre ; mais une seule, celle d'en haut, ne permettait de manœuvre que dans un plan, comme la charnière restait libre et n'était limitée dans son mouvement que par un butoir qui la maintenait en rapport avec le point mesuré. Ces armatures de pointes mobiles étaient au nombre de dix, et pouvaient changer de place sur toute la longueur de la grande barre de bois. Avant d'être transportées sur le marbre à travailler, elles avaient été relevées en arrière, et leur abaissement jusqu'au butoir résultait de l'enlèvement du marbre par les outils ordinaires, et déterminait la place ou l'enfoncement du point cherché.

On voit dès lors se substituer à l'emploi des deux compas et du fil à plomb celui d'une simple pointe à charnière, dont le mouvement est si simple, si sûr et si prompt, que de ce changement résulte une économie considérable de temps.

Tout ce qui vient d'être dit se rapporte exclusivement à la mise aux points, qui, ainsi qu'il a été dit, s'exécute la statue étant couchée. On conçoit que, quand il s'agit de draperies à grands plis, comme dans le fait rapporté, on peut en pousser l'achèvement très-

loin sans redresser la statue et sans recourir aux écha-
faudages, qui sont si gênants et causent des pertes de
temps si considérables.

Procédé de M. Stacker, pour faire des reliefs sur bois.

La méthode de M. Stacker est fondée sur un principe
physico-chimique, dont M. Amédée Durand s'est servi
en 1822. On sait que, si l'on comprime la surface du
bois avec un outil sans tranchant, la partie ainsi dépri-
mée reprendra son premier niveau lorsqu'on la plon-
gera dans l'eau.

Pour mettre cette propriété à profit, on confie, d'a-
bord, au menuisier le bois dont on doit se servir, on
lui fait donner la forme convenable et préparer à recevoir le dessin qu'on veut y imprimer. Après avoir
déterminé la place où il doit être, on y applique un
instrument sans tranchant, une espèce de *refouloir*
ou *ébauchoir* en acier, qu'on enfonce à coups de
marteau jusqu'à une certaine profondeur. Pour opérer
plus vite, cet instrument, tel qu'un emporte-pièce, doit
avoir, à son extrémité, la forme du dessin que l'on
veut obtenir, de manière qu'en s'enfonçant il produise
en creux ce que plus tard on veut reproduire en relief.
Cette opération doit être faite avec beaucoup de ména-
gement, et pour mieux faire, au lieu de la percussion
il faut employer une forte pression. Il suffirait pour
cela de placer l'outil et la pièce de bois sous la vis d'une
presse dite à *balancier* ou à *estamper*. Dans tous les
cas, on prend beaucoup de précaution pour ne pas
rompre les fibres du bois avant que la profondeur de
la dépression soit égale à la hauteur que l'on veut donner au relief des figures. Quand tout le dessin est com-

primé, à l'aide du rabot ou d'une râpe on réduit la surface du bois au niveau des parties déprimées. On plonge ensuite la pièce de bois dans l'eau froide ou chaude ; les parties qui avaient été comprimées reprennent leur niveau et forment ainsi un relevé en bosse, qu'on peut aisément terminer à l'aide d'un ciseau, d'un ébauchoir ou d'un petit *fermoir*, instrument analogue aux deux premiers. Si la pièce de bois était trop grande, on pourrait se dispenser de la plonger dans l'eau et se contenter de la frotter à plusieurs reprises avec une éponge imbibée d'eau chaude, ce qui produirait un effet suffisant.

Moyen de faire des figures en relief
sur le marbre ou la pierre lithographique, à l'aide d'un acide,

Par M. Dufay, membre de l'Académie des sciences.

Il ne faut rien autre chose que garantir les endroits qui doivent rester en relief en les couvrant d'un vernis, et faisant ronger le reste par le moyen d'un acide (*voy*. Vernis pour la gravure).

Voici le procédé décrit par Dufay et publié dans les Mémoires de l'Académie des sciences (année 1728, page 64).

« Il faut tracer sur le marbre, avec un crayon, le dessin que l'on veut mettre en relief, et couvrir délicatement, avec un pinceau, du vernis suivant les endroits qu'on veut épargner. Ce vernis n'est autre chose que de la gomme-laque dissoute dans l'esprit-de-vin et mêlée dans du noir de fumée ou du vermillon, pour reconnaître plus facilement les endroits où on en a mis. Pour rendre l'opération plus simple, il n'y a qu'à pulvériser un morceau de bonne cire à cacheter et la faire dissoudre dans une quantité suffisante d'esprit-de-vin ; ce vernis sera sec en moins de deux heures. »

De tous les dissolvants que Dufay a essayés, celui qui lui a paru le meilleur est un mélange de parties égales d'esprit de sel (acide hydrochlorique) et de vinaigre distillé : il ne diminue en rien l'éclat du marbre et le dissout très-également.

« Le vernis étant bien sec, ajoute Dufay, on versera de cette liqueur sur le marbre ; lorsqu'elle y aura demeuré quelque temps et qu'elle aura entièrement cessé de fermenter, on pourra y en remettre de nouvelle et la laisser agir jusqu'à ce que le fond soit suffisamment creux. S'il y avait dans le dessin des traits délicats, comme des feuillages, on ne les tracera pas d'abord avec le vernis ; mais, lorsque le fond sera creusé à peu près de moitié de ce qu'il doit être, on ôtera le dissolvant en lavant bien le marbre, et, avec la pointe d'une aiguille, on enlèvera le vernis à l'endroit de ces traits délicats ; on remettra ensuite un nouveau dissolvant, et on le laissera autant qu'on le jugera à propos : cette précaution est nécessaire, parce que, lorsque l'acide a agi dans les endroits découverts, il ronge par dessous le vernis, et élargit les traits à mesure qu'il les approfondit. Cet inconvénient demande aussi qu'on fasse les parties qui doivent être épargnées un peu plus fortes, afin que cette action latérale de l'acide les mette au point où elles doivent être. Au reste, cette opération ne demande ni beaucoup de soin ni beaucoup d'expérience, et les ouvriers les moins intelligents pourront facilement en venir à bout. Lorsque l'ouvrage sera entièrement fini, on enlèvera le vernis avec un peu d'esprit-de-vin ; et, comme les fonds seraient trop longs à polir, on pourra les peindre au pointillé avec des couleurs ordinaires délayées dans le vernis de gomme laque. »

Sans doute, on ne peut obtenir avec ce procédé une figure bien travaillée ; mais nous pensons qu'avec de l'adresse et de la patience on doit réussir à faire passablement, mais en prenant des précautions pour que la liqueur ne morde pas trop sous le vernis, en réparant et modelant avec un outil le relief qui résultera de cette opération. On pourrait certainement empêcher la liqueur de mordre sous le vernis, en faisant fondre et couler celui-ci sur les côtés des traits, par l'action d'un fer chaud à repasser qu'on promènerait au-dessus du marbre ; ou bien on y appliquerait du vernis à retoucher avec un pinceau. Ce moyen est employé, dit-on, par M. Tissier, habile graveur sur pierre lithographique.

Moyen de produire des reliefs sur le bois par la combustion.

C'est M. Cumberland, Américain, qui le premier, sans doute, a eu l'idée de sculpter ou graver sur le bois en relief par la combustion, et voici ce qu'il écrivait à Nicholson relativement *aux divers moyens d'imprimer d'après des autographes :* « Supposons que l'on regarde l'économie de la matière comme une condition absolue, et voyons si, en employant une substance qui peut résister à l'action de la flamme, nous ne pourrions pas écrire avec cette substance et attaquer par la combustion tout ce qui ne serait pas elle, en sorte qu'elle restât en relief. Si l'on pouvait procéder ainsi, le peuplier et le tilleul seraient bientôt, et à bon marché, convertis en planches d'impression. »

(Journal de Nicholson, 126; *Bibl. britannique*, 1812, t. L, p. 69).

Mais M. Cumberland n'a pas indiqué alors la *substance qui pût résister à l'action de la flamme;* pourtant on savait de son temps que le bois, pénétré d'une solution d'alun, résiste avec avantage à la voracité de la flamme. *Rabelais*, dans le IIe livre de son *Pantagruel*, ch. 50, parle d'une tour de bois, *laquelle Sylla ne put oncques faire brûler, pour ce qu'Archelaüs, gouverneur de la ville* (Pirée dans l'Attique), *pour le roi Mithridate, l'avoit toute enduite d'alun.*

M. Gay-Lussac a proposé, en 1821, pour obtenir le même résultat, d'imprégner les objets combustibles de sels ammoniacaux, de borax, mais surtout d'un mélange à parties égales de sel ammoniac et de phosphate d'ammoniaque, ou de sel ammoniac et de borax.

En 1841, M. de Breza a indiqué l'emploi d'un mélange de 60 grammes d'alun, 60 grammes d'ammoniaque et 30 grammes d'acide borique qu'on dissout dans un litre d'eau, où l'on ajoute 19 grammes de gélatine et 6 grammes d'empois.

On peut peindre avec cette dernière composition, qui rend les bois ininflammables, le dessin qu'on veut mettre en relief, ainsi que les parties du bois qu'on veut garantir de la flamme. Cela fait, on expose le bois à l'action de la flamme provenant des charbons allumés, après avoir enduit, au besoin, d'essence de térébenthine ou de goudron, ou de toute autre matière très-inflammable, les parties qui doivent être enlevées ou carbonisées. L'action de la flamme ne doit durer que pendant un certain temps, afin d'obtenir une légère couche carbonisée, c'est-à-dire friable, et pouvant se détacher facilement sous l'action d'une brosse; après quoi on jette le bois dans l'eau, afin d'arrêter la combustion du bois; enfin on frotte le bois avec une brosse pour enlever le charbon.

Les bois les plus communs, tels que le peuplier, le marronnier, le tilleul, sont les plus propres à ce genre de sculpture. Elle se continue, du reste, quant à l'application du vernis préservatif et à la répétition des opérations, comme nous l'avons dit pour la gravure et la sculpture sur marbre par l'acide.

Manière d'imiter les vases du Japon
assiettes, plateaux, boîtes à thé, tabatières en papier broyé et verni.

(Voyez pl. 1 et 2.)—(*Encyclopédie*, 1788, t. V, p. 269.)

On prépare la pâte à papier comme nous l'avons déjà indiqué (p. 17).

L'on prend ensuite de la gomme arabique et l'on en fait une eau de gomme bien forte, dont on couvre la pâte de l'épaisseur de 27 millimètres; on met le tout ensemble dans un pot de terre vernissé, et on fait bien bouillir le mélange, en ne cessant de remuer, jusqu'à ce que la pâte soit suffisamment imprégnée de colle; après quoi, on la met dans un moule qui doit être préparé comme on va le décrire.

Moule. — Si vous voulez, par exemple, faire un plat ou un plateau (fig. III), ayez une planche de bois bien dur, que vous ferez travailler par un tourneur de manière qu'il puisse emboîter le dos ou côté extérieur d'un plateau, vous y ferez pratiquer vers le milieu un ou deux trous qui passeront au travers du moule.

Vous aurez, outre cela, un autre morceau de bois dur, auquel vous ferez donner la forme d'un plat, et seulement 2 à 4 millimètres de diamètre moins que l'autre.

Frottez ces moules d'huile du côté qui a été tourné, et continuez jusqu'à ce que l'huile en découle; ils seront alors préparés dans l'état qu'ils doivent avoir.

Quand vous serez prêt à fabriquer votre vase de pâte, prenez le moule percé de trous, et, après l'avoir huilé de nouveau, posez-le à plat sur une table solide; étendez-y votre pâte le plus également que vous pourrez, de manière qu'il y ait environ 7 millimètres d'épaisseur.

Ensuite huilez bien votre second moule, et, le posant exactement sur la pâte, appuyez dessus très-fort; mettez-y un poids fort lourd, et laissez-le dans cet état pendant vingt-quatre heures,

Quand cette pâte sera sèche, elle sera aussi dure que du bois; alors on y appliquera le fond noir, qui sera fait avec de la colle et du noir de lampe.

Ensuite vous laisserez sécher ce plat à l'air, et, quand il sera bien sec, vous appliquerez une ou deux couches de vernis du Japon si l'on veut donner un fond noir à l'ouvrage.

C'est par cette méthode que Martin fabriquait ces boîtes de carton ou tabatières vernies, qui ont eu tant de vogue sous le siècle de Louis XV.

Vases faits avec de la sciure de bois.

(Voyez pl. III.)

Pour faire ces vases, on prend de la sciure de bois fine, sèche et passée au tamis; on la réduit en pâte, en y mêlant, sur le feu, de la térébenthine, de la résine et de la cire.

Cette opération doit se faire en plein air, de peur que la matière ne s'enflamme; on met cette pâte dans les moules, comme on l'a dit ci-dessus, et on suit les mêmes procédés pour les vernir

Lorsqu'on veut donner aux vases une couleur rouge, on met du vermillon dans le vernis.

On imprime sur les vases les dessins que l'on désire; on applique un vernis à bois par-dessus, et on y trace des filets d'or ou d'argent (*voy.* Dorure).

Autre procédé pour faire les ornements avec de la sciure de bois, par M. Sébastien Lenormand.

(Annales des Arts et Manufactures, 1803, t. XII, p. 270.)

On fait de la colle très-claire avec cinq parties de colle de Flandre et une partie de colle de poisson. On fait fondre séparément ces deux colles dans beaucoup d'eau, et on les mêle ensemble après les avoir passées à travers un linge pour en séparer toutes les ordures et les parties hétérogènes qui n'auraient pas pu se dissoudre. La quantité d'eau ne peut pas être fixée, parce que toutes les colles ne sont pas homogènes, et qu'il y en a certaines qui en exigent plus et d'autres moins. L'on connaît le degré de liquidité convenable en laissant parfaitement refroidir les colles mélangées; elles doivent former alors une gelée très-peu consistante, ou mieux un commencement de gelée. S'il arrivait que, refroidies, elles fussent encore liquides, on ferait évaporer un peu d'eau en exposant le vase qui les contiendrait à la chaleur. Si, au contraire, elles avaient un peu trop de consistance, alors on ajouterait un peu d'eau chaude. Du reste, quelques essais indiqueront fort bien le degré de liquidité suffisant.

La colle ainsi préparée, on la fait chauffer jusqu'à ce qu'on ait de la peine à y tenir le doigt plongé : par cette opération, il s'évapore un peu d'eau, qui, par son absence, donne à la colle une plus grande consistance[1]. Alors on ajoute de la râpure de bois que l'on veut mouler, et que l'on a eu soin de faire avec une râpe fine, ou, ce qui revient au même, de la sciure de bois qu'on a passée à travers un tamis de crin ou de toile métallique très-fine; on en forme une pâte qu'on place dans des moules de plâtre ou de soufre, après les avoir enduits d'huile de lin ou de noix, de la même manière que lorsqu'on veut mouler du carton-pierre, etc. (*voy.* p. 20 et suiv.). Il faut avoir soin de tasser, avec la main, la pâte dans le moule, afin qu'elle prenne bien toutes les formes de la gravure en creux ; ensuite on la couvre avec une planche huilée qu'on charge, afin que la pâte entre bien dans tous les contours, et on la laisse ainsi sécher. On peut hâter la dessiccation et la rendre parfaite en la chauffant dans une étuve. Les empreintes une fois sèches, on enlève les bavures; on aplanit le derrière s'il y était resté des inégalités, qu'on peut éviter avec un peu de soin, et on les colle ensuite sur les vases ou autres objets que l'on veut décorer. On passe dessus une ou plusieurs couches de vernis à l'esprit-de-vin ou à l'essence, ou bien l'on cire à l'encaustique.

On peut mouler aussi des figures en ronde-bosse, en procédant, comme il a été dit pour le moulage, avec du papier pourri ; cependant il faut un peu plus de soin, et employer des moules en plusieurs parties.

Autre manière de composer la pâte de sciure de bois, par MM Bosc et Cadet de Gassicourt. — Pré-

[1] Si l'on ne prenait pas d'abord la précaution de la faire très-légère, elle prendrait dans cette opération une trop grande consistance, et les ouvrages se fendilleraient.

cipitez une solution de 750 grammes de colle-forte par une décoction de 1 kilogramme et demi de noix de galle : ce mélange doit être fait à froid. Ce précipité, séparé de la liqueur, présentera une matière jaune et tirant sur le fauve, brunissant à l'air et exhalant une odeur de lessive. Cette substance se dissout en partie dans l'eau chaude, quand le précipité est récent; mêlée avec un tiers environ de poussière de bois, elle conserve assez de ductilité pour recevoir et garder l'empreinte des moules.

Les bois en poudre, tels que le buis, l'acajou, le bois de gayac, de poirier, se mêlent très-bien avec la gélatine tannée et se prêtent au moulage; mais, quand les pièces n'ont pas une certaine épaisseur, elles se gauchissent et sont cassantes.

La poudre d'ardoise est la plus favorable à l'estampage; cette poudre tamisée s'allie très-bien à la gélatine tannée, et forme une pâte noir-bleuâtre qui se moule parfaitement, présente un bel aspect et prend en séchant beaucoup de solidité.

Le sumac peut remplacer la noix de galle : le saule blanc et la racine de benoîte pourraient être employés avec succès pour le même objet

---

Manière d'imiter les laques de la Chine et du Japon, par Wattin,

(Extrait de son livre intitulé : l'*Art du peintre doreur*, etc., 2e édition, 1815, p. 217 et suiv.)

Nous ne pouvons mieux faire que de transcrire les instructions données par Wattin, il y a plus d'un demi-siècle; nous dirons même qu'on n'a rien dit de mieux et de plus positif depuis cette époque.

Toute l'adresse qu'exige la fabrication des laques doit être dans la main et le pinceau. Ce travail est bien plus aisé à exécuter que la peinture en tableaux, parce qu'il n'y a ni couleurs, ni tons de clair-obscur ; l'or et l'argent tiennent lieu de coloris.

Le grand mérite est la grande propreté et la justesse dans tous les détails qu'on doit tracer. Plus ils sont exacts, et plus on approche de la perfection des ouvrages chinois et japonais.

Ces peuples travaillent leurs ouvrages ou à plat et sans relief, ou à la pâte et en relief. Dans l'une et l'autre de ces manières, ils semblent avoir adopté de préférence les fonds noirs pour exécuter leurs arabesques et leurs reliefs. Ils varient quelquefois ces fonds noirs en y semant de l'aventurine ou en faisant des fonds rouges ou cafés et des fonds d'or polis. Ces derniers, étant les plus recherchés, sont aussi les plus chers.

Préparation des fonds noirs. — 1° Choisissez le bois le plus léger et le plus sec que vous puissiez trouver. Il faut préférer celui qui a le moins de veines et de fibres, qui est poli et uni ou qui souffre plus de l'être. Le tilleul, le buis, le poirier nous paraissent devoir être plutôt recherchés, comme étant compactes et d'une substance uniforme.

2° Le bois étant poli et uni, vous collez dessus, au besoin, une toile très-fine et unie : on peut y tendre de la mousseline [1]. Cette toile sert à contenir le bois et à empêcher qu'il ne soit trop imbibé pour les apprêts qui le feraient trop tourmenter.

3° Broyez à l'eau du blanc de Bouvigal, et, pour lui donner du corps, ajoutez-y de la terre d'ombre ; détrempez-les à la colle de gants moyennement forte.

---

[1] Généralement on ne colle pas de toile.

Cette colle, étant plus douce que les autres, doit être préférée. Donnez-en 5 ou 6 couches à froid , si c'est dans l'été, dont la chaleur tient la colle liquide; et tiède, si c'est en hiver.

4° Polissez les couches d'abord avec de la prêle, ensuite avec de la pierre-ponce pilée en poudre impalpable et du tripoli pilé de même.

5° La pièce ainsi préparée, broyez, avec 4 parties de vernis gras au copal, 1 partie de noir d'ivoire, ce qui doit donner un beau noir ; s'il est trop épais, il faut l'éclaircir avec de l'essence. On peut employer aussi le vernis de gomme-laque à l'esprit-de-vin; mais le premier vaut mieux pour les ouvrages que l'on veut faire : on préfère le second pour raccommoder. L'un et l'autre de ces deux vernis souffrent également le poli avec de la prêle, de la ponce pilée et du tripoli, comme nous le dirons plus loin.

6° Donnez 8, 10, 12, et même 20 couches de vernis. Les pièces faites au vernis gras doivent être séchées dans un four, s'il est possible, pour la plus grande solidité. A défaut de four, on doit avoir des étuves dont la chaleur douce, en séchant le vernis, lui donne la consistance et la dureté nécessaire pour pouvoir appliquer les mordants, pâtes ou arabesques [1].

Le vernis de gomme-laque à l'esprit-de-vin n'a besoin que du soleil ou de la chaleur douce d'une

---

[1] L'on peut faire une étuve très-économique, tout simplement avec une caisse en bois très-épais, garnie intérieurement avec de la tôle, et dont le couvercle ferme hermétiquement; on place dans l'intérieur un fourneau garni de poussier de charbon allumé, et pour alimenter la combustion on pratique avec une vrille de petits trous sur les côtés et à la partie inférieure de la caisse. Les objets vernis sont disposés sur des cordes ou sur un treillis tendu horizontalement.

chambre. Les travaux au vernis gras sont les plus solides ; ceux à l'esprit-de-vin sont plus expéditifs, mais ils durent moins.

7º Polissez votre vernis, lorsqu'il est sec, avec de la prêle, de la pierre-ponce pilée et du tripoli, comme nous venons de le dire.

8º La pièce ainsi préparée et polie de manière qu'il n'y ait aucune tache ni cavité, dessinez ou calquez le dessin que vous voulez-y peindre. Cela se fait ordinairement, quand on est sûr de sa main, avec une pointe de fer ; ensuite vous appliquez le mordant de la pâte sur le dessin que vous avez tracé.

Manière de travailler les laques à plat et sans relief.

1º On travaille les laques de Chine à plat et sans relief en dessinant d'abord sur les fonds noirs et polis des fleurs, des plantes, des montagnes, maisons ou arbres (planche 4) ; on repasse ensuite sur le dessin, en peignant au pinceau avec un mordant tous les objets dessinés.

2º Lorsque le mordant est aux trois quarts sec, on jette dessus la poudre d'or ou d'argent qu'on veut y mettre.

3º Quand tout est sec, on le brunit.

L'on mêle du vermillon avec le mordant, mais pas en assez grande quantité pour que le vermillon puisse ôter au vernis gras son corps graisseux, qui doit servir à happer l'or. Le vermillon ne sert qu'à indiquer ou à faire reconnaître les endroits où l'on doit appliquer l'or.

Il faut employer le mordant un peu épais, afin qu'il ait plus de corps, surtout lorsqu'on dessine des arbres ou des plantes chinoises.

Il est inutile de se servir du même mordant mêlé de vermillon, lorsqu'on veut seulement faire une montagne, des maisons, des fonds, des paysages ou des terrasses ; servez-vous alors du vernis comme mordant ; appliquez-le sur les endroits tracés que vous voulez travailler; cela donne des formes plates, sur lesquelles vous redessinez une seconde fois avec le mordant au vermillon, et donnez des formes aux objets que vous n'avez fait d'abord que coucher à plat ; enjolivez les montagnes d'arbrisseaux, de plantes, et dessinez les portes, les toits, les fenêtres de maisons. Si vous voulez animer l'ouvrage par des figures, dessinez de même à plat ; revenez sur cette première forme avec le mordant, et faites des têtes, des mains, des draperies. On applique l'or comme on le dira ci-après.

Il faut avoir soin, lorsqu'on peint les arabesques avec le mordant au vermillon, d'avoir un petit vase rempli d'essence de térébenthine pour laver de temps à autre le pinceau, sans quoi le vernis s'engorgerait et empêcherait le mordant de couler.

Manière d'employer les pâtes.—Ces pâtes servent à faire des reliefs, sur lesquels on peint des arbres, des montagnes, des maisons. L'exécution dépend du goût de celui qui opère et de la manière de dessiner les arabesques.

On compose ces pâtes de plusieurs façons : la meilleure serait celle dont se servent les Chinois et les Japonais ; mais, comme elle n'est pas connue, celle qui paraît le plus en approcher se compose ainsi : On broie 62 grammes de blanc d'Espagne, 62 gr. de la terre d'ombre avec 31 gr. de vernis gras. Quand le tout est broyé sous la molette, on en compose une espèce de pâte en la détrempant avec assez d'essence pour qu'elle puisse s'employer facilement avec un pinceau.

Les fonds noirs étant faits, et ces fonds étant polis et unis, comme nous l'avons dit ci-dessus, continuez ainsi :

1° Donnez une ou plusieurs couches de cette pâte sur le dessin tracé, suivant le relief que vous voulez avoir. Faites des bas-reliefs en figures, animaux, paysages, montagnes, terrasses, maisons.

2° Parvenu à l'épaisseur désirée, laissez sécher cette pâte, soit au soleil, soit à la chaleur d'une étuve.

3° Quand elle est bien durcie, unissez avec des morceaux de prêle tous les endroits du relief qui pourraient être raboteux.

4° Polissez-les avec de la pierre-ponce broyée en poudre impalpable, et avec du tripoli broyé de même.

5° L'ouvrage ainsi disposé, gravez avec un burin, sur les figures ou reliefs que vous avez formés sur votre mordant, des plis de draperies, des têtes, des pieds, des mains, des troncs d'arbres et cavités de montagne.

6° Après avoir passé le burin, repolissez encore de nouveau ce que vous venez de graver.

7° Passez sur les reliefs une couche ou deux de vernis gras ou de vernis de gomme-laque à l'esprit-de-vin, dans lequel vous aurez mis du noir d'ivoire.

Il faut observer que pour la facilité de l'opération on ne doit mettre ainsi en noir que les endroits dont on veut laisser pénétrer les fonds, ce qui se fait ordinairement aux têtes, aux pieds et aux mains. Pour les draperies, c'est tout différent, comme nous allons le dire. Cette méthode de mettre ainsi les extrémités des figures en noir, les yeux, la bouche, les oreilles, facilite à celui qui applique le mordant le moyen de bien dessiner les formes. Si, au contraire, on voulait après tracer les yeux, le nez, la bouche, tout s'effacerait et produirait un très-mauvais effet.

Les têtes, les pieds et les mains se font avec le noir d'ivoire, et les draperies en rouge avec le vermillon, quelquefois elles se font en brun-rouge.

8° L'ouvrage ainsi disposé est prêt à recevoir l'or ou l'argent ; leur application, ainsi que celle des autres métaux, est ce qu'il y a de plus aisé dans l'opération.

Dorure des laques.

On couvre de mordant la partie qu'on veut dorer ; on jette la poudre d'or ou autre sur ce mordant, lorsqu'il est à moitié sec, et on lui laisse prendre autant d'or qu'il en veut.

9° Faites sécher la pièce, soit dans une étuve, soit au soleil.

10° Lorsque la poudre d'or ou d'argent paraît bien fixée au mordant, essayez avec une dent de loup ou brunissoir de polir un très-petit endroit ; si le poli vient bien et que le bruni soit beau et égal, vous pouvez continuer le reste ; si, au contraire, vous sentez que le brunissoir n'éprouve aucune résistance et que l'endroit qu'on polit se raye, arrêtez et attendez que le tout soit bien sec. On polit comme à l'or bruni, ayant attention de ne pas frotter aussi fort. L'ouvrage est terminé.

Emploi des ors, argents, etc.—Les ors, argents et aventurines s'emploient également dans les deux manières d'imiter les laques de la Chine, soit à plat, soit en pâte. L'usage en étant de même pour les deux opérations, nous allons indiquer les sujets qui doivent engager à choisir de préférence telle ou telle matière.

On peint ordinairement les arabesques, les fonds de

bâtiments chinois, les rivières et les feuilles d'arbres avec de l'or vert.

Les têtes et les mains se mettent tantôt en or rouge, tantôt en or jaune, tantôt en argent : on ne peut guère présenter de règles là-dessus ; c'est à la volonté de l'artiste. Mais, qu'on les fasse d'une façon ou d'une autre, l'or et l'argent dont on se sert doivent être en poudre très-fine.

A l'égard des draperies, le fond doit être ou noir, ou rouge, ou de couleur d'or rouge ; par-dessus ce premier fond or, on peint des fleurs, des broderies, des mosaïques, enfin tout ce qui est analogue à l'ornement et embellissement des Chinois. On peut employer pour ce procédé deux ou trois ors différents : 1° le même qui a servi à faire des fonds ; 2° l'or jaune ; 3° l'or vert.

Lorsqu'on voudra se servir du premier ou du dernier de ces ors et peindre en second par-dessus, il faut avoir soin de polir avec la dent de loup celui qui servira de fond.

Si l'on se sert, au contraire, de l'or rouge pour mettre en second, il faut laisser le premier fond sans le brunir et passer le brunissoir sur les arabesques peintes avec le dernier or. Ces distinctions sont nécessaires pour donner les effets aux différents ors ; si on les brunissait tous, cela nuirait à la perfection de l'ouvrage.

Les montagnes se mettent assez ordinairement en noir ; le sommet doit, pour produire un bon effet, être couvert d'or ; ensuite, en approchant des terrasses, on doit mêler l'or et l'argent de manière que le fond noir perce à travers. La manière de polir est comme nous avons dit.

Les fonds de bâtiments et de bateaux se font volontiers avec de l'or rouge; ensuite on dessine toutes les formes et accessoires du bateau avec du mordant au vermillon, et l'on met sur le mordant l'un des deux ors.

Les troncs d'arbres peuvent se faire avec de la pâte ou le mordant seulement. Les feuilles d'arbres ne peuvent se faire qu'au mordant. Les arbres, pour imiter le Japon, doivent être d'or rouge, et, pour la Chine, d'or jaune.

Les terrasses se font en or ou argent fin. On peut y employer de l'or faux en cuivre, mais avec la plus grande circonspection, attendu qu'ils se noircissent et ne peuvent jamais avoir le brillant du fin.

Les eaux se font indifféremment en or ou en argent. Les Japonais les font avec l'or rouge et l'argent en poudre, les Chinois les font avec l'or jaune et l'argent.

Les uns et les autres ont quelquefois introduit dans leurs terrasses des morceaux de nacre. Si les amateurs étaient curieux d'en faire autant, rien n'est plus aisé : on prend de la nacre extrêmement mince, on la casse en morceaux sans aucune forme; on les sème ensuite dans les terrasses au hasard; l'on passe un vernis par-dessus, lorsqu'ils ont été fixés par le mordant. Les morceaux doivent être comme le morceau le plus mince; s'ils étaient plus gros, il faudrait trop de vernis pour unir la surface, ce qui ne produirait qu'un mauvais effet.

Manière de raccommoder les laques.

Lorsqu'on a de vieux laques qui ne sont point en relief, s'il n'y a que la feuille d'or ou d'argent qui soit enlevée, on couche un mordant fait au vernis à la gomme-laque, et on applique par-dessus la feuille d'or ou d'argent, et, quand elle est bien sèche, on la brunit.

De même, si un ouvrage de la Chine est emporté jusqu'au bois, 1° il faut boucher le trou avec un mastic composé de blanc délayé avec du vernis ou de la colle de gants; mais le premier vaut mieux; 2° le trou rempli, on le polit pour le mettre au niveau du reste de sa surface; 3° on y met le noir, ou or, ou aventurine, ayant l'attention de bien accorder ce qu'on fait avec le fond, qui sert de guide; car c'est de là que dépend la réussite du travail : autrement, ce qu'on fait trancherait avec le reste; 4° on pose le mordant; 5° on applique l'or; 6° quand il est sec, on le polit avec le brunissoir et avec soin, de peur d'emporter le mordant et l'or.

Il en est de même des ouvrages en relief. S'il n'y a que l'or qui est enlevé, on y met une couche de mordant et on le rétablit; si le relief est lui-même emporté, on ajoute de nouvelle pâte, qu'on pose sur l'ancienne; on laisse sécher; on y applique ensuite le mordant et l'or.

Manière d'imiter en faux les laques de la Chine, tels qu'on fait les éventails, les ouvrages de Spa, en boîtes, tabatières, plateaux, etc.

On peut, ainsi que dans les vrais laques, faire des dessins à plat et en faire en relief. On prépare de même les fonds en les collant comme il est dit n° 3 page 43, on les polit comme il est dit au n° 4. En cinquième lieu, on en vernit les fonds avec la couleur désirée, soit en noir, soit en rouge, et on polit les couches. Quand le fond est poli et préparé, au lieu des ors on emploie les bronzes; il y en a de diverses couleurs, rouge, vert, jaune, et de différentes nuances ; on les polit de même.

On suit les mêmes procédés pour employer la pâte. On donne une ou plusieurs couches de la pâte, suivant le relief qu'on veut avoir; 2° on laisse sécher la pâte au soleil ; 3° quand elle est durcie, on l'unit avec de la prêle et on la polit avec de la pierre-ponce et du tripoli, etc. On dessine les figures, ou reliefs, ou arabesques, avec un vernis gras, ou de la gomme-laque à l'esprit-de-vin, dans laquelle on met un peu de vermillon.

Lorsqu'on veut mettre des figures : 1° on dessine précisément la masse de la figure qu'on veut admettre ; 2° on la couvre de mordant, et on y applique une feuille d'or faux ; 3° on redessine cette figure avec du noir pour marquer les contours de la même manière qu'est faite une gravure et une estampe (*Voy.* pl. 4). L'amateur qui désire s'amuser peut même copier servilement une estampe dans le goût chinois ou autre. Il pourra, pour varier, faire les têtes de ses figures, les pieds et les mains en bronze blanc (étain), ce qui produit un effet plus agréable dans les ouvrages de ce genre.

Ordinairement, lorsqu'on travaille en faux laque, on n'emploie que des vernis à l'esprit-de-vin ; les sujets ne passant pas par l'étuve, il n'y a pas de danger que le vernis s'altère ou bouillonne.

Il faut avoir l'attention, en faux laque, de vernir avec un petit pinceau toutes les arabesques qui y sont peintes ; autrement l'humidité ferait verdir les bronzes et les ors faux. Ce vernis les conserve.

On raccommode les faux laques, de même que les véritables, en reprenant, comme nous l'avons dit ci-dessus, l'ouvrage à l'endroit où il est endommagé, et en recommençant ce qui a été emporté.

Autre composition de faux laques sur papier pourri, dits laques français, que l'on peut employer pour des objets à forme ronde, tels que des vases, plateaux, etc.;

Par MM. Monteloux, Lavilleneuve et Janvier (brevet publié, t. IV, p. 162.)

Les vases laqués par le procédé de **MM.** Monteloux et Cie se font avec le papier collé (p. 19) et le papier pourri, moulé ou tourné (p. 17); mais les moyens de perfectionnement, qui appartiennent à ces inventeurs, consistent dans l'espèce de colle qui donne une grande consistance à la pâte. Ils emploient du *parum* ou ratissure de peau pour préparer la colle, à laquelle ils mêlent un peu de colle-forte, dans la proportion de 500 grammes de colle sur 12 kilog. et demi de *parum*.

Il faut délayer le mélange avec soin et le faire cuire comme nous l'avons dit plus haut (p. 20). La colle prend une consistance un peu moins forte que la colle faite avec de la farine, mais elle a plus de solidité. Lorsqu'on veut mouler, on délaye le papier, préparé à l'ordinaire (p. 19), dans la colle tiède jusqu'à ce qu'elle soit bien imprégnée; on introduit la pâte dans les moules huilés (*Voy.* Estampage, p. 17) à l'aide d'un pinceau ou avec les doigts. Le pinceau offre plus de propreté, mais moins de promptitude. On met sécher les moules, ainsi garnis de pâte ayant une épaisseur convenable, soit à l'étuve, soit à l'air, soit dans un appartement, à une douce chaleur. On sort les pièces des moules, lorsqu'elles sont bien sèches, puis on les fait sécher de nouveau, en sorte qu'elles deviennent dures comme du bois. Elles prennent alors le nom de *laques*.

On trempe les laques ainsi fabriquées dans un bain d'huile de lin siccative très-chaude, dans laquelle on met un quart de son poids d'essence de térébenthine et un peu d'alun, pour augmenter sa qualité pénétrante ; mais, lorsque la grandeur des objets ne le permet pas, on étend cette huile avec une éponge ou un pincceau. On enduit les pièces en dehors et en dedans, et on les met dans une étuve pour les faire sécher. Aussitôt que les pièces sont sèches, on les vernit avec du vernis gras, on leur donne les *apprêts*.

Pour cela, on se sert de terre d'ombre et de blanc calciné, broyé à l'eau ; à l'instant de s'en servir, on les broie de nouveau avec un vernis fait avec du succin en sorte, dans lequel on a soin de mettre très-peu d'essence. On en enduit la pièce au moyen d'un pinceau. La première couche étant sèche, on en met une seconde, puis une troisième et même une quatrième ; enfin on fait sécher les apprêts dans une étuve très-chaude ; l'on peut ensuite les poncer et leur faire subir toutes les opérations du vernissage.

Manière de poncer, polir et lustrer les vernis, ce qui constitue l'opération appelée vernissage ; par Wattin.

Pour polir les vernis gras, quand la dernière couche est bien sèche : 1° pulvérisez, broyez et tamisez de la pierre-ponce, que vous tremperez dans l'eau ; imbibez-en une flanelle, et polissez légèrement et également, pas plus dans un endroit que dans un autre, pour ne pas gâter les fonds ; 2° frottez l'ouvrage avec un morceau de drap blanc imbibé d'huile d'olive et de tripoli en poudre très-fine ; 3° essuyez l'ouvrage avec des linges doux, de façon qu'il soit luisant et qu'on n'y voie aucune raie ; 4° quand il est sec, décrassez-le avec de la poudre d'amidon ou de la craie en frottant avec la paume de la main et essuyant avec un linge : c'est ce qu'on appelle *lustrer*.

Les vernis à l'esprit-de-vin se polissent et se lustrent de même quand ils sont bien secs : 1° avec une flanelle imbibée d'eau et de tripoli (on ne polit pas d'abord avec de la ponce, comme le vernis gras); 2° on passe de même un morceau de drap, de l'huile d'olive et du tripoli ; 4° on essuie de même l'ouvrage ; 4° on lustre.

Manière de lessiver, rafraîchir ou aviver une couleur ou un vernis ; par le même. — On emploie une eau de lessive qu'on fait de différentes manières : la meilleure est celle qu'on fait avec la potasse et les cendres gravelées[1].

Laque anglais colorié [2].

La préparation du fond est la même que pour le laque de Chine ; on calque et l'on trace également son dessin : cette opération étant faite, il faut mettre les pâtes ou reliefs.

Les pâtes ou reliefs se font avec du blanc de plomb, mêlé avec du vernis copal. On peut auparavant broyer le blanc avec de l'essence pure, puis mêler le tout avec le vernis copal. Cette pâte doit être assez épaisse.

Lorsque la première couche est mise et sèche, vous en donnez une seconde, puis une troisième. Si vous voulez obtenir des reliefs très-forts, en mettant la seconde ou la troisième couche, vous modelez les bras, les plis des ajustements, et en général tout ce qui doit faire saillie. Vous exposez votre pâte à l'action d'une chaleur douce et égale, telle que celle d'une étuve, et, à son début, dans un endroit chaud. Vos reliefs ayant obtenu le degré de siccité convenable, ce qui se voit

---

[1] Le sous-carbonate de soude ou l'ammoniaque liquide valent encore mieux.

[2] Extrait du Traité des arts d'agrément, par M. Armand Robin.

lorsqu'en posant le doigt dessus il ne fait aucune impression, vous posez votre mordant sur la partie du dessin que voulez avoir en or jaune. Lorsque votre mordant est aux trois quarts sec, vous appliquez vos feuilles d'or (Voy. *Dorure.*)

Les *terrasses* se font simplement au mordant, que l'on recouvre de poudre d'or.

Les montagnes se font avec différentes poudres d'or ou de cuivre nuancées, telles que l'or jaune-pâle et rouge.

Lorsque tous vos ors sont placés, vous les coloriez au moyen de couleurs transparentes préparées au vernis copal; vous les employez très-liquides, de manière que vos ors reparaissent par dessous.

Vous ne couvrez pas vos ors entièrement de couleurs, mais bien par parties, comme pour les ombres.

Les figures, les mains et les chairs en général se peignent à l'huile, préparée également au vernis, sans qu'il soit besoin que la couleur soit transparente; car, dans ce genre, les têtes et les mains ne doivent pas être dorées, mais bien entièrement peintes à l'huile et au vernis.

On termine ce genre de peinture en le vernissant, comme les autres ouvrages de ce genre. On a soin, toutefois, lorsqu'on est sur le point de le poncer, de le faire avec beaucoup de précaution pour ne pas altérer les reliefs, qui, formant une épaisseur, s'enlèveraient indubitablement si l'on frottait trop fort. Il faut pour cela poncer légèrement tout autour et dessus les reliefs.

Manière de faire et de décorer les vases en bois, semblables à ceux de Russie.

(Bulletin de la Société d'encouragement, juin 1830, p. 227.)

Le vase est fait au tour avec le bois de tilleul ou de

bouleau; il doit être enduit d'un mordant sur toutes ses surfaces. Ce mordant est composé d'huile de lin siccative et d'un peu de poix noire ou de bitume, qui lui donne une couleur noire. Il sert aussi à remplir les pores du bois et à rendre sa surface plus unie. L'huile de lin seule, épaissie au point où elle est employée dans la typographie, pourrait servir d'enduit.

Le dessin le plus ordinairement en dorure seule est fait avec des feuilles d'étain mince, appliquées, comme l'or en feuille, à l'aide d'un mordant huileux.

Les ornements sont exécutés par le procédé employé pour la fabrication des cartes à jouer (*Voy.* pl. 3). Ils sont découpés à jour sur des feuilles de parchemin ou de papier préparé. On applique ce papier sur le vase, et l'on frotte avec une brosse imprégnée de mordant. Ce mordant est un mélange d'huile cuite et de blanc de plomb, qui le rend plus siccatif. On le laisse sécher un peu, et l'on applique dessus la feuille d'étain, qui s'y colle d'une manière très-solide. Avec une brosse douce on enlève les parties de la feuille non adhérentes, et l'ornement reste très-net.

Pour donner aux ornements la couleur d'or, on met dessus une couche de vernis huileux, qui est très-brun, mais il paraît jaune appliqué sur la feuille brillante.

Lorsque ce vernis est bien sec, on exécute les ornements en blanc, en opérant de la même manière, mais on n'applique dessus aucun vernis, qui jaunirait tôt ou tard, et augmenterait aussi les frais de la main-d'œuvre.

Le dedans du vase est peint d'abord avec le mordant; puis on applique dessus une feuille d'étain, ensuite le vernis huileux.

Lorsque toute la décoration est achevée, on la recouvre d'un vernis huileux, que l'on sèche ensuite dans une étuve ou dans un four.

Dorure et argenture.

Il faut vous munir d'un coussin à dorer sur lequel vous mettez vos feuilles. Pour ne pas les briser, vous ouvrez votre livret ou cahier, dans lequel se trouvent vos feuilles d'or, et vous le renversez sur votre coussin pour en déposer une feuille; après quoi vous la coupez avec un couteau (également de doreur) de la grandeur dont vous aurez besoin. Dorant par parties, les petits morceaux de feuilles servent toujours pour boucher les endroits où il en manquerait. Vos feuilles étant ainsi préparées, pour les enlever il faut avoir un pinceau ou brosse plate de cinq à six centimètres de large; vous échauffez ce pinceau en le passant plusieurs fois entre vos doigts, que vous avez frottés avec un peu de pommade, et vous le présentez sur le morceau de feuille d'or que vous voulez prendre; il s'attache après, et vous le posez le plus uniment possible sur votre mordant. Lorsque tout votre or est placé de cette manière, vous époussetez le tout avec un blaireau, et vous mettez de même, et exactement par les mêmes moyens, votre or pâle ou vert. L'argent en feuille, dans certains cas, est employé avec beaucoup de succès.

Dorure à l'huile sur un fond à l'huile. (Traité du peintre en décors, par M. Geslin.) — « On se sert d'une mixtion; chacun fait la sienne à sa manière, dit M. Geslin : la nôtre consiste à prendre de bonne huile grasse dans laquelle nous mettons une petite pointe de vermillon ou de litharge bien broyée à l'essence ; nous couchons notre sujet avec une brosse courte de soie et bien à sec ; nous laissons sécher ordinairemeut vingt-quatre heures plus ou moins ; nous reconnaissons que notre mixtion est bonne à dorer lorsque, en appuyant légèrement le dessus des doigts, elle le colle un peu sans le mouiller. Alors nous coupons sur le coussin des morceaux d'or de la grandeur de la partie que nous volons dorer, et avec *la palette à dorer*, que nous passons légèrement sur notre joue, qui a été frottée avec du suif, nous enlevons le morceau d'or pour le poser à sa place, puis avec un moyen pinceau en petit gris nous l'appuyons sur le sujet, et lorsque toute la partie est dorée, nous appuyons l'or avec un tampon de coton, et ensuite nous époussetons avec le blaireau l'or qui n'a pas adhéré au sujet. On le laisse mat ou on le vernit au vernis à l'or. »

Lorsque l'on est pressé, on dore au vernis : cette opération se fait comme nous venons de le dire, avec la seule différence que le vernis remplace la mixtion ; le vernis que l'on emploie est le vernis gras : par ce moyen on peut dorer au bout de deux heures.

On emploie pour ces manières de dorer l'or en feuille, l'argent ou le cuivre.

Mordants pour l'or.

Le plus simple et peut-être le meilleur n'est autre chose que de l'huile rendue siccative par la cuisson, dans laquelle on ajoute soit un peu de vernis au copal dur, soit un peu de térébenthine fine, pour lui donner plus de corps et l'empêcher de couler.

Tingry indique la formule suivante :

Huile de lin siccative,   10 parties.
    térébenthine de Venise,   5   d°.
    jaune de Naples,   3   d°.

On fait fondre la térébenthine dans l'huile, puis on y

mélange le jaune de Naples en poudre très-fine ; on peu
substituer la litharge ou le massicot au jaune de Naples.

Mordant à la colle et au miel. Pour faire cette
composition, l'on prend 500 grammes de miel demi-
fin, 500 grammes de colle-forte, qu'on a laissé tremper d'avance dans une quantité d'eau suffisante. On
fait fondre la colle dans du vinaigre assez fort ; on
mêle le miel, et on ajoute ensuite à cette composition
la quantité du même vinaigre nécessaire pour l'éclaircir et la rendre propre à être employée à faire des traits
et des hachures avec une brosse ou un pinceau.

Mordant à la cire (communiqué par M. Cheret,
peintre-décorateur). — Prenez 500 grammes de cire
jaune, 250 grammes d'huile de lin bouillie à l'avance,
afin de lui faire jeter son humidité ; ajoutez 125 grammes d'huile grasse ; mettez le tout sur le feu, et remuez bien le mélange. Ajoutez-y ensuite de l'essence
de térébenthine en quantité suffisante pour lui donner
la consistance nécessaire pour être employé.

Ce mordant, pour être employé, doit être placé
dans un vase convenable, et chauffé au moyen d'une
petite lampe à l'huile ou à l'alcool.

Procédé pour bronzer le plâtre, par M. Gaudin.

Broyez de l'or mussif avec de l'huile de lin et du
bleu de Prusse première qualité, de manière à en faire
une bouillie claire et d'un ton convenable, en y ajou-
tant une certaine quantité de sanguine pour donner un
ton chaud.

Après avoir bien épousseté le plâtre, imprégnez-en
la surface par places successives avec un pinceau trés-
doux, sans revenir deux fois sur la même place.

Pendant que la couche séchera, vous couvrirez avec

un pinceau plus petit que les endroits profonds ou les blancs qui se seront formés.

Le plâtre étant à peu près sec, vous le lustrerez avec un blaireau légèrement imprégné d'or mussif, jusqu'à ce que le lustre vous paraisse suffisant.

L'or mussif, pour produire un bon effet, doit être gras et très-divisé; celui en grosses paillettes ne peut servir; le jaune est préférable pour broyer et le brun pour les reflets. Ces reflets demandent aussi l'emploi d'une petite quantité de sanguine broyée à l'huile de lin.

Gluten intermédiaire, propre à empêcher l'incorporation du vernis dans la peinture à l'huile nouvellement faite ; par M. Montabert.

Faites bouillir dans un demi-litre d'eau une poignée de graine de lin; ajoutez-y un morceau de sucre candi blanc, de la grosseur d'une noisette, lorsque l'eau est assez visqueuse pour former une faible gelée ; dans l'état froid, le gluten est bon, et l'on peut l'employer aussitôt.

Vernis aux blancs d'œufs que l'on applique sur les tableaux nouvellement peints à l'huile, en attendant qu'ils soient assez secs pour y mettre le véritable vernis; par Bouvier.—On sépare soigneusement le blanc d'œuf bien frais d'avec le jaune; puis on bat ce blanc après y avoir ajouté une cuillerée à café d'esprit-de-vin et un peu, mais très-peu de sucre candi qu'on aura fait fondre d'avance dans la moindre quantité d'eau possible [1]. On bat le tout ensemble, soit avec

[1] Pour bien faire, il faut réduire en poudre du sucre candi, et jeter sur cette poudre fine un peu d'eau chaude. On fait cela 24 heures d'avance, afin que presque toute l'eau ait le temps de

la barbe d'une plume, soit avec une fourchette d'argent, jusqu'à ce qu'il soit presque tout en écume.

C'est cette écume qu'on applique aussitôt sur le tableau à l'aide d'une éponge fine, qui aura été humectée dans de l'eau, ensuite pressée et essuyée dans un linge fin, afin qu'elle n'ait plus que l'humidité nécessaire pour avoir de la souplesse.

Quelques artistes font un vernis, pour remplir le même objet, avec un blanc d'œuf battu légèrement. Ils y ajoutent de l'essence de lavande et de l'alcool, puis ils battent encore le mélange, qu'ils conservent dans des bouteilles. D'autres font dissoudre tout simplement de la colle de poisson dans de l'alcool ; ils y mettent un peu de sucre candi.

Mais les meilleurs vernis sont encore le gluten, le blanc d'œuf préparés par M. Montabert, et la dextrine indiquée par M. le baron Silvestre.

Ciment propre à unir et sceller les objets d'art en plâtre, marbre, albâtre, stuc, etc.

Prenez, par exemple, 1 kilogramme de cire, 500 grammes de résine ; après avoir fait fondre ces drogues ensemble, ajoutez-y 750 grammes d'albâtre ou de marbre, que vous voulez joindre, réduits en poudre très-fine ; mêlez le tout ensemble, puis pétrissez le mélange dans l'eau pour bien incorporer ces diverses substances. Si l'on veut que le ciment imite parfaitement la couleur d'albâtre, de marbre, on pourra augmenter la dose du marbre, etc. Lorsqu'il sera question d'en faire usage, on l'approchera du feu, ainsi que l'extrémité des objets à unir, qui doivent être bien secs.

s'évaporer, et qu'il ne reste que ce qu'il faut pour que le sucre reste liquide et en sirop épais.

Ce ciment peut être très-utile aux sculpteurs.

Enduit à la cire pour imprimer les murs que l'on veut peindre.

Prenez 10 parties de cire blanche ou jaune,
2 parties de résine,
40 parties d'essence de térébenthine ;

Vous faites fondre ces matières dans l'essence, comme pour faire le vernis ordinaire ; vous appliquez le mélange le plus chaud possible sur le mur, que vous chauffez également pour lui donner plus d'affinité à prendre le corps gras. Vous mettez ainsi plusieurs couches, jusqu'à ce que le mur refuse d'absorber.

On prépare ainsi avec cet enduit des toiles à tableaux qui servent à recevoir la peinture.

Autre enduit à la cire employé par MM. Thenard et Darcet pour la préparation de la coupole de l'église de Sainte-Geneviève.—Ce vernis, plus connu sous le nom de *mastic hydrofuge*, consiste dans un mélange d'une partie de cire jaune et de trois parties d'huile de lin lithargée, ou de deux parties de résine et d'une partie d'huile lithargée. On fait pénétrer ce vernis, au moyen d'une chaleur très-intense, dans les pores des pierres ou du plâtre sur lesquels on veut faire exécuter des peintures à la fresque. Ces matériaux, ainsi pénétrés du mastic, acquièrent une solidité très-remarquable et deviennent absolument imperméables à l'humidité. L'épreuve tentée sur la coupole du Panthéon, que le célèbre Gros a recouverte de si belles peintures, a démontré tous les avantages du mastic hydrofuge. Les murs très-humides des rez-de-chaussée sont assainis et asséchés au moyen du même procédé. La dépense n'est que de 80 centimes par mètre carré

F I N

TABLE

FIN DE LA TABLE.

LUNDI.

Souvenir.

3

Coupe renaissance.

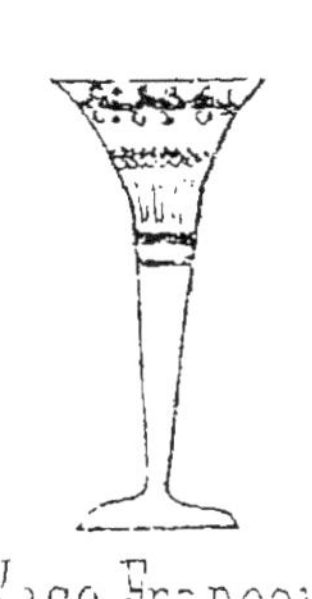

Vase Français.

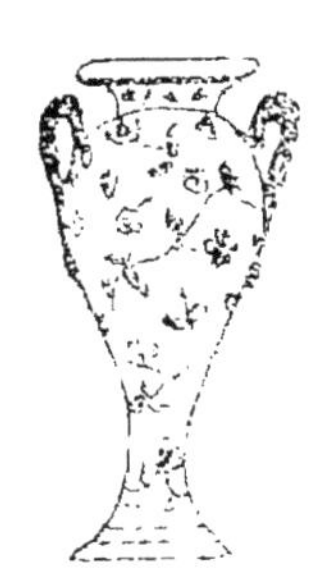

Vase de Bohème.

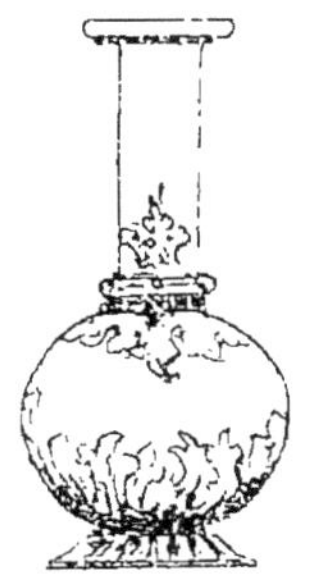

Alcazaras.

Chinois.

Vase indien.

276

www.ingramcontent.com/pod-product-compliance
Ingram Content Group UK Ltd.
Pitfield, Milton Keynes, MK11 3LW, UK
UKHW020953140726
13695UKWH00003B/1372